介護 Library

認知症介護が楽になる本

介護職と家族が見つけた関わり方のコツ

三好春樹
Haruki Miyoshi

多賀洋子
Yoko Taga

講談社

目次

序にかえて──家族のケアと介護職のケア〈三好春樹〉

私は二十四歳のとき、偶然、特別養護老人ホーム（特養ホーム）にスタッフとして就職しました。それ以来、途中、理学療法士（ＰＴ）の養成校に通っていた三年間を含む十年半、その施設で仕事をしました。前半は介護職として、後半はＰＴとして施設に入所している高齢者にかかわったのです。

三十五歳で考えるところあって独立して、「生活とリハビリ研究所」と名乗って、介護についての講座を自分で企画して自分で講師を務めるという仕事を始めました。

しかし当時は、介護を仕事にしている人はいまよりずっと少なく、さらに、介護なんてだれでもできる仕事だと思われていました。わざわざ受講料を払ってまで休みの日に勉強しに行こうという人は珍しい存在でしたし、職員を出張扱いで参加させようと考える施設もほとんどありませんでした。

ですから、「生活とリハビリ研究所」の仕事だけではとても生活していけないので、アルバイトをすることにしました。ＰＴという資格があるというのはありがたいもので、施設はもとより、市町村が始めていた機能訓練教室（これは現在のデイサービスの先駆けです）や、訪問介護にかかわることになります。

やむなく始めたアルバイトでしたが、ここで保健師やヘルパーといっしょに在宅の寝たきりや認知症の高齢者にかかわるという経験ができました。それは、十年半の特養ホームでの体験と並んで、いまの私にとって大切な宝物になっています。

時代は変わり、介護は急速に脚光を浴びるようになります。私もアルバイトをしなくても、講座や講演、介護の本の執筆で生活できるようになりました。自分で開いている「生活リハビリ講座」と、各地の主催者から呼んでもらう講演会を合わせると最多で年間二百十六回にも及ぶ状態になりました。

私が対象としてきたのはほぼ現場の介護職です。学生や一般市民が相手の仕事はしないことにしています。介護の教育が大切なことはわかっていますし、市民に介護を理解してもらうことも必要だと思います。じゃあ、なぜそういう仕事をひきうけないのかというと、その理由は簡単です。話が受けないのです。学生も一般市民もあまり笑ったり、納得してうなずいたりしてくれないのです。

そりゃおまえの話の内容や話術に問題があるからじゃないのか、と言われそうですが、介護職が相手だとちゃんと受けるのに学生や市民では通用しないなんて体験を何度かしました。

どうしてだろうと私は考えました。どうやら私は、「介護現場」という共通性を前提にして話すから受けているらしいのです。つまり、じいさん、ばあさんとのかかわりの場で仕事をしているという共通項があるから、聞いている人は笑い、納得してうなずいてくれるのです。

それがわかって以来、私は介護職に「教育」をしているとは思わなくなりました。私がやっているのは「共感」をつくりだすことなんだと気づいたのです。

だから「介護現場」という場を共有していない学生や市民相手では、思うようにいかないのです。私は、そんな学生を相手に毎日「教育」している教師たちはたいしたもんだなと感心してしまいます。

それ以来、学生相手は先生たちに、市民相手は樋口恵子さん（NPO法人　高齢社会をよくする女性の会理事長）や大熊由紀子さん（国際医療福祉大学大学院教授）といった人たちにまかせて、私は現場の介護職だけを相手にさせてもらうことに決めたのです。

介護に必要なのは「柔らかい知性」

学生や一般市民相手の仕事はしないと書きましたが、介護家族を対象とする講演をさせてもらったことがあります。それなら学生や市民とちがって、介護現場を体験しているからちゃんと受けるかというと、まったくそんなことはありません。やはりうまくいかないのです。

介護職と介護家族は、同じ介護現場を体験していながら、その立場のちがいによって、見方や感じ方が大きくちがっているのです。

例を挙げましょう。介護職相手の講演では知識や技術を一般化して伝えるのが普通です。「八十代の高齢者の心理は」とか「脳卒中右片マヒの人の症状は」というふうに語られます。

しかし、介護家族にとってこうした一般的情報はほとんど役に立ちません。家族が求めているのは「うちのおばあちゃんの心理」であり「右片マヒになった父親」についての情報なのです。

さらに、詳しくは後述しますが、家族にとっては「困惑」から始まる介護も、私たち介護職にとっては「好奇心」から出発していたりします。だから介護職同士では笑い合える冗談も、家族には通じないことがよくあります。通じないどころか、認知症老人を笑いものにしていると叱られそうにさえなったりするのです。

介護家族を相手に話すのは自分の仕事ではないなと思いました。介護家族とのあいだに共感をつくりだせるのは、同じ立場にいる介護家族だけだと思うからです。

私は本をたくさん出版させてもらいましたが、基本的には介護職向けのものばかりです。一度、優秀で熱心な編集者のおかげで『老人介護　じいさん・ばあさんの愛しかた』という本を出版したのが例外と言えるくらいでしょうか。

実はこの本、最初は『じいさん・ばあさんの愛しかた』というタイトルで法研という出版社から単行本で発売され、ほとんどが介護職のあいだで読まれていました。しかし、新潮文庫として書店に並ぶと一般の市民の人たちが手にとってくれ、感想を寄せてくれるようになったのです。

中には、デパートでブランド物の販売をしていた女性で、この本を読んで「介護のほうがおもしろそう」とデパートを辞め、デイサービスの職員になったなんて人まで現れました。どうやら一般社会の側が介護や介護職に共感しはじめた、そんな気がするのです。

私と介護家族との関係にも変化が起きてきました。「認知症の人と家族の会」から私に講演の依頼が続くようになりました。私はその任ではないな、と思いながら、介護職相手のときとはちがって言葉を慎重に選びながら語っていますが、少しは「共感」が得られるようになったと感じています。介護職と介護家族がその立場のちがいをちゃんと前提にした上で、共感できるということが見えてきたような気がします。

介護家族である多賀洋子さんが講談社から出版された二冊の本（『ふたたびのゆりかご』『認知症介護に行き詰まる前に読む本』）を読ませてもらったときにも、同じように感じました。最初に思ったのは、「介護とは知性ですするものだなぁ」ということでした。知性といっても普通の知性ではありません。「柔らかい知性」こそが、いい介護をつくりだすのです。そのことを確認できたのが多賀さんの二冊の本でした。その「柔らかい知性」こそが、介護職と介護家族をつなぐ共通項なのです。

知性、なんていうと、高偏差値とか高学歴を連想するかもしれません。もちろんその意味でも著者の多賀さんは申し分ありません。なにしろ文系に興味があったのに理系に進学させられて、それでも京都大学に合格してしまうのですから、文武両道ならぬ、文理両道に秀でている方といえるでしょう。

でも、そうした高偏差値や高学歴の人が介護がうまいかというと、まったくそんなことはないのです。むしろ社会的に出世して地位や名誉を得た人のほうが介護が下手だと思えるほどです。さらにそんな人は、自分自身が老いていくことも下手な人が多いのです。かつては「社長」や「先生」だった人が、一介の老人、さらには要介護老人になるのですから、その格差に耐えられないのでしょう。彼らは、介護という他者の老いにかかわることも、自分自身の老いにつきあうことも下手なようです。もっともこうした見方は、高校中退という私の、高学歴者へのひがみによるものかもしれませんのでそのつもりで。

「柔らかい知性」の反対は「硬い知性」ということになります。何事にも合理的根拠と因果関係を求め、こうでなくてはならないという強い信念を持っているというのが「硬い知性」です。それは現在の日本の社会で出世して偉くなるためには必要です。でも介護には通用しないどころか邪魔にさえなるのです。

なにしろ、老人、とくに認知症老人となると、近代的合理主義や因果関係という狭い枠の中に収まるものではありません。いや、そもそも人間というものがそうだと言えるでしょう。近代的合理主義が通じるのは、若くて自立していて健康な「近代的個人」という、ほとんど抽象的にしか存在していないような人間だけではないでしょうか。

老いや認知症にかかわる介護職や介護家族は、「こうあるべき」といった、あらかじめ決められたかかわり方をしていては困ります。目の前のお年寄りの行動や表情や口調を全身で感じとって、そこからどうかかわるかが〝生成して（つまり自然に生まれて）〟くることが多いのです。いいかかわり方が生成してくるためには、自分自身を空っぽにしたほうがいいのです。知識や技術はむしろ邪魔みたいです。

いわば臨機応変、融通無碍《ゆうずうむげ》、常識や前例にこだわらずその場その場で必要ならなんでもやってしまう自由さ、それが「柔らかい知性」です。

私が介護の現場に入ってなにより驚いたのは、そんな想像力と創造力に溢《あふ》れる自由な介護を、特別な教育なんか受けていないおばちゃん寮母がやってのけることでした。さらに田舎の家を訪問してみると、現在なら要介護度が４や５の重い障害の夫を、百姓一筋だったという奥さんが愚痴一つこぼさず、むしろ楽しそうに介護している姿にも、驚くやらあきれるやらでした。

彼女たちは、自分たちのそのかかわり方を適切な言葉にして表すことはありません。まして活字にして人に伝えることもしません。しかし、多賀さんの著書はその役割を果たしていると思いました。認知症の夫に向き合う中で柔らかい知性によってつくりだされた方法、見方、感じ方が、ちゃんと言葉にして表現され、困っている人に伝えられているのです。私がしようとしてきたこともまさしくそれでした。

認知症を病気と割り切っていいのか？

「認知症は脳の病気です」というキャンペーンが国をあげて行われてきました。この狙いはわからないでもありません。わけのわからないものとつきあっていくのは、不安でしかたがありません。でも、病気ならそれなりのかかわり方をすればいいのですし、原因が脳だとわかっているのならば、そのうち治療法が開発されるのではないかという希望も持てます。

認知症を病気としてとらえると、もっといいことがあります。それは家族が、自分のかかわり方が悪かったから認知症にしてしまったのではないか、と悩んだりしなくてすむことです。

そんないい点があるとはいえ、私はこの「認知症は脳の病気」説には同意できません。「そんな単純なものじゃないだろう」と言いたくなるのです。

確かに脳が原因の認知症はあります。「若年性認知症」と呼ばれているものがそれにあたります。なにしろ、四十代で日常生活が困難になり、検査してみると脳全体やその一部が年齢に不相応に萎縮してしまっている人もいるのですから、これは病気です。だから私は、こうした脳に原因がある病気としての認知症は、近い将来、おそらく遺伝子レベルになると思いますが、治療法が確立するかもしれないと希望を持っています。

しかし、認知症の大部分を占める高齢者については、脳にのみ原因を求めるのは無理があると思います。私は脳の変異や萎縮といった変化は、認知症の原因ではなくて、むしろ結果ではないかと考えています。

私はこれまでに、多くの高齢者と生活の場でかかわってきました。認知症の人もそうでない人もいましたし、なんらかのきっかけで急速に認知症になっていく人、少しずつ認知症が進んでいく人、中には認知症から回復していく人などを、五年、十年という時間の中で見てきました。その体験が脳の病気説を「そんな単純なものじゃない」と思わせるのです。認知症は、脳をもその中に巻き込んだ、人間とは、人生とはという問いかけの中で生じていると思わざるをえません。

したがって私は、脳に原因を求めたりはしません。その人の生活や人生の中に原因や誘因を探します。MRI（核磁気共鳴画像法）の画像を見る代わりにその人の表情を見るのです。

いわゆるBPSD（問題行動）についても、原因を脳だとして、脳をコントロールする薬を飲ませたりはしません。なにしろ、脳はたいへんな萎縮を起こしているのに、介助する私たちに「ありがとう」と言って落ち着いて生活している人はいくらでもいるのですから。

脳を分析する代わりに私たち介護職は、その脳がつくりだしている精神世界に注目します。「見当識障害」とか「人物誤認」などと呼ばれている認知症老人の精神世界の内部に興味を持つのです。

私はまだ「認知症」という言葉が存在しなかった二〇〇三年に『痴呆論　介護からの見方と関わり学』という本を書きました。多くの精神科医の書くものに納得がいかなかったからです。その後、増補版を出すときにもタイトルは変えませんでした。「認知症」という病気にしてしまうことに納得がいかなかったからです。ただ、サブタイトルを「認知症への見方と関わり学」と改めました。認知症という言葉がタイトルのどこかにないと、ネットで検索しても見つからないものですから。以下に引用するのは、その『痴呆論　認知症への見方と関わり学〈増補版〉』（雲母書房、二〇〇九年）からのものです。

医療関係者は、人間の意識、精神は脳がつくると考えている。確かに脳がなければ、意識も精神もないだろう。だが、意識の内容、精神の中身は脳が決めるのではない。頭がいいとか悪いとか、抽象的な思考をするタイプかどうかは脳が決めるのかもしれないが、何を考えているかとか、何を幸せと思うかまで決めるわけではない。（中略）

アインシュタインの意識は、彼の脳が生み出しているだろうが、脳を調べたからといって相対性理論が出てくるわけではない。（中略）

ドストエフスキーの意識を彼の脳がつくったのは間違いないだろうが、彼の作品である『罪と罰』は彼の精神現象がつくり出したものであって、脳を調べても出てはこない。

精神の現象そのものによってつくられる世界を、たとえば、ヘーゲルは『精神現象学』という本で明らかにし、フロイトは意識に「無意識」を対峙させて、その世界を解明しようとした。吉本隆明は「精神」とも「意識」とも言わないで、「心的世界」と表現し、『心的現象論序説』

という本を書いた。

吉本は、生命体が自然から離れてしまったことによって生じたものを心的領域の始まりとし、それを「原生疎外」という独特のことばで表現している。その疎外された心的世界は、心的世界そのものの働きによってその世界をつくっていく。これを吉本は「純粋疎外」と名づけている。

彼の表現に倣《なら》えば「原生疎外」は脳によってつくられているが、「純粋疎外」は疎外された世界そのものが自己展開していると言っていい。

痴呆老人の意識と精神は彼らの脳がつくっている。しかし、その意識世界や精神世界は、脳には還元できない。心的世界そのものの内部がつくっている世界だからだ。

痴呆性老人の問題行動を引き起こす精神世界はこの内的世界で起こっていることだ。脳ではとても説明できない。したがって、どうケアすればいいのかは、脳ではなくて、老人の、吉本流に言うなら「心的現象」を解かなくてはならない。

認知症の見方を説明するのに、ヘーゲルやフロイト、よしもとばななのパパの難解な『心的現象論序説』なんて本に書かれていることまで持ち出すことはないじゃないか、と思われるでしょう。これはなんでも理屈で考えたがる私の趣味みたいなもので、私が私自身を納得させているんだと思って流し読みしてください（なお、この『痴呆論』という本は、『認知症介護』と改題して二〇一四年四月に雲母書房から再刊行される予定です）。

介護の視点で認知症を分類すると

医療的発想をする人たちは、認知症の分類も脳の変化のしかたをもとに分類します。「脳血管性」「アルツハイマー型」などという分類がそれです。でも私はこの分類をあまり信用していません。なにしろ一昔前までは「脳血管性」が三分の二、残りが「アルツハイマー型」と言われていたのに、あっという間にその割合は逆転してしまいました。そんなに急速に変化するものだろうかと考えざるをえません。

では、なぜこうなるのか。どうやら、生活に支障が出て受診したときに、脳卒中があったり、脳血管に小さな梗塞《こうそく》があったりしなければ、みんな「アルツハイマー型」と呼ばれているようです。脳萎縮やβアミロイドの沈着が診断根拠とされていますが、それらは高齢者ならだれでも多少は見られるものです。あのアインシュタインの脳が保存されていて、日本の学者が調べたらちゃんとβアミロイドが年相応に沈着していたというのですから。

多賀さんの夫も「アルツハイマー型」と診断されています。生活困難が明らかになったのが六十三歳と若く、多賀さんの書かれたものを読んでも、もっと年上の人の認知症とはようすがちがうことが多くて、「若年性」と呼ばれるアルツハイマー病に近いような印象を受けます。脳そのもの変化によって直接生じる問題が多いように見えます。

しかし、それだからこそ、その脳がつくった精神世界を見、かかわることが大切になります。なにしろ脳を治す方法はいまだに見つかっていませんが、精神世界を共有し、問題行動のない落ち着いた生活を送ってもらうことは可能なのですから。

私たちは認知症を脳で分類しません。実際の生活で分類します。脳の検査をする代わりに何日かいっしょに生活します。そして本人やまわりの家族、介護職がなにで困っているのかによって分類するのです。

脳による診断は推定です。「脳血管性」と「アルツハイマー型」では症状や進行のしかた、かかわり方がそれぞれちがっていて、介護福祉士の国家試験に合格するためには覚えておく必要があります。しかし、現実にはあてはまらないことが多いのです。脳が直接生活を支配しているわけではないから当然ですよね。

でも、ここで紹介する分類は推定ではありません。実際の生活のあり方で分類するのですから、確定しているのです。

私が使っている分類法は、竹内孝仁氏（国際医療福祉大学大学院教授）が、長年リハビリテーション医として介護現場にかかわる中から提案されたもので、「竹内三分類」とか「生活の場の三分類」と呼ばれています。

これは「老化にともなう人間的反応」のしかたによる分類だと私は考えています。老化には、身体的変化はもちろんですが、人間関係の喪失などによる心理的・社会的変化などが含まれます。脳の変化もそのうちの一部分と考えられます。

私たちはそういった変化そのものではなくて、その変化に直面した高齢者の反応のしかたに注目するのです。老化はだれにとっても生まれてはじめての体験です。まして老化にともなう病気とその後遺症、たとえば脳卒中による片方の手足のマヒもまた、まったく未体験の世界に足を踏み入れることです。要介護状態になることをスムーズに受け入れられる人は少ないでしょう。それだけで高齢者がプライドを失って、その主体が崩壊することだってあるのです。

したがって高齢者はこの老いに直面してそれぞれ多様な反応を見せます。老化にともなう人間的ドラマ、といったほうがいいくらいです。

介護に携わる人がやるべきことは、その人間ドラマの中で配役をひきうけ、それを上手に演じることです。そう、「柔らかい知性」を駆使して。

それでは、多賀洋子さんの「家族の介護」から学ばせてもらうことにしましょう。そのあとに続く第二部で、私たちが使ってきた分類の方法とかかわり方、さらに私が提案する「認知症ケアの七原則」について紹介させてもらおうと思います。

三好春樹

第一部

認知症を生き切るということ〈多賀洋子〉

認知症の人の介護にあたる家族は、どのような困難に直面するのか。そして介護はどのように推移するのか。看取りまでの日々を描く。

二〇一一年十二月十二日午前七時三十五分、私の夫・多賀徹《たがとおる》は永遠の眠りにつきました。アルツハイマー型認知症の症状が顕著になってから九年あまりの歳月がたっていました。若年性認知症を患うと短命になることが多いそうですが、享年七十三歳でした。

夫を看取ったいま、私たちの人生の旅路を振り返り、共有した年月をかけがえのない温《ぬく》みの中で思い出せることを幸せに感じています。

介護の日々など、苦しく哀しい思い出として残っていてもしかたないほど、初期の混乱期はつらいものがありました。初期だけでなく中期も終末期も、胸が疼《うず》く時間を体験してきました。最後の一年三ヵ月は特別養護老人ホームに入所しましたが、自宅で介護していた日々は、失敗の連続、反省の連続、後悔の念に眠れない夜を過ごしたこともある年月でした。ところがその九年あまりの介護の日々も、痛切な記憶に裏打ちされながらも、それまでの日々と同じく、温かな思い出となって残っているのです。

夫が認知症を患ったからこそ、心を密に通いあわせることができた、夫の笑顔が私を癒《いや》してくれた、健康だったなら照れて話さなかったかもしれない言葉を遺してくれた、それらの思いが温みとなっているのだろうと思います。

生きていくこと死んでいくこと、どちらも厳しい道のりですが、夫は自分の生を生き切りました。伴走した私は、うろたえ、怒り、泣き、失敗し、と至らないことばかりでしたが、認知症を患ってもなお、人生を肯定する姿を見せてくれた夫のおかげで、喜びをみつけることができました。

たとえ絶望する日を経たとしても、認知症の人に癒されるひとときや、ともに喜び合える場面があり、蜜月とも呼べる日々が訪れることを、認知症介護にたずさわっておられる多くの方々にお伝えしたくてこの一文を書きました。

さてそれでは夫の異変が始まった当初の「困惑期」から順を追って記します。

困惑　二〇〇二年春

家族の中のだれかがアルツハイマー型認知症を患って最初に起こる困難は、いったいこの状態はなんなのだろうか、という困惑です。わけがわからず、ただただおかしな言動に振り回されます。性格が変わったのかとか、もともと忘れっぽいうえに頑固で自分本位な人だったけど年をとってそれがひどくなったのか、などと周囲は本人の性格や加齢のせいだと考えます。

けれど日常的におかしな言動が多発するようになって、これは性格や加齢だけでは説明できないと気づきます。それほど、アルツハイマー型認知症はいつ発症したかがわからないのです。

そのため、受診も遅れがちになります。受診もできず、困惑の状態でいるあいだに、認知症の人と家族の心理的な関係がどんどん悪くなり、諍《いさか》いが増えていきます。

ようやくアルツハイマー型認知症だという診断を受けてから思い返すと、あのときもおかしかった、あれも認知症の症状だったのだ、などと家族は思いあたることが多いのです。

ごく初期のころ診断されていたら、治すことはできなくても、なにかの手立てを講じて進行を緩やかにすることができたかもしれない、病気なのだからと覚悟を決めて、本人に向き合う気持ちや態度を改めることができたかもしれない、と悔やむのが通例です。

わが家もその例に漏れません。


夫は大阪大学理学部の博士課程を二十五歳で中途退学して、一九六四年七月に京都大学薬学部無機薬化学講座に助手として採用されました。以来、三十七年九ヵ月のあいだ研究に勤《いそ》しんで、二〇〇二年三月に六十三歳で定年退職しました。

専門は、エックス線結晶構造解析の方法を使って、有機化合物や無機化合物、また、天然物分子や生体分子の立体構造を解析し、明らかにすることでした。Dioxin、Aspirin、Coriose、免疫抑制剤ＦＫ５０６などの分子の立体構造を明らかにしたことが、思い出深い仕事として残っています。

あとから思い返してみれば在職中にすでにさまざまなおかしな言動が出ていました。

あるとき、教授会に行っているあいだに何者かが自分の部屋に入り込んでくるらしいと言いました。どうしてそう思うのか尋ねると、ボールペンや辞書がなくなるのだそうです。重要な実験データや論文、あるいは公金がなくなるのかと思った私は、肩透かしをくらったようで笑い出してしまいました。

「ボールペンとか辞書なんて、いまどきのリッチな学生がほしがって盗むなんて、考えられないわ」

「いやあ、使い勝手のええ上等のボールペンやったんや。辞書も携帯に便利なサイズで長いこと使ってたものなんや。けしからん、勝手に入ってきやがって」

「でも鍵を掛けて出かけるのでしょう」

「掛けるぞ、決まってらぁ」

「なら、どうやって入ってくるの」

「知るか。そいつらに聞いてくれ」

夫の剣幕に恐れをなして、自分がどこかに置き忘れたかもしれないでしょう、という言葉を呑み込んでしまいました。

またこんなこともありました。学生時代の友人が、定年を前にして落ち込んでいるようだから励ましてくる、と言って土曜日の昼すぎに出かけていきました。私鉄、ＪＲ、私鉄と乗り継いで行くから往復に時間がかかるうえ、久しぶりに会って飲むのだから帰りはそうとう遅くなるだろうと思っていました。すると夕方四時すぎに夫がふらりと戻ってきたのです。

「乗り継ぎの駅の構内とか連絡通路なんかがすっかり様変わりしていて、わけがわからんかった」

と照れたように言いました。行き着かなかったのです。

「そのへんの人に訊《き》けばよかったのに」

「まあ、ええやないか」

夫はそう言ったきり自分の部屋に籠もってしまいました。

他にもいろいろありました。買い物をしたときや散髪に行って料金を払ったときに、釣り銭をまちがえられたとなんども言っていました。茶色のスーツの上着に喪服のズボンを合わせて出勤しようとしたり、宴会のあと他人の靴を履いて帰ったりもしました。講義のとき黒板に漢字を書こうとしたら忘れているから、ぜんぶ片仮名で板書している。大学生協で牛乳を買うとき、細かい金を出すのがめんどうやから、いつも札を出している。もらった釣り銭をばらばらと落としたら、並んでいる学生みんなが拾ってくれて、「先生、小金持ちですね」って言いやがった。京阪電車の回数券を自動販売機で買うのがわからんから、駅員さんに一万円札渡して買ってもらっている。新聞読むのはめんどうや、ニュースはテレビでわかる。夫はおもしろおかしく私に話して笑っていました。

在職中にすでにいくつものサインがあったのに私は見落としていたのです。

自分を正当化したいわけではありませんが、私が見落としたのにもやむをえないわけがあります。夫は若いころからどこか頓珍漢《とんちんかん》で間抜けたところがあったため、おかしなことをしても笑い流す癖がついてしまっていたのです。

まだ給料が銀行振り込みになっていなかった時代、助手の夫が教授と自分の給料を事務室まで受け取りに行く習慣になっていました。あるとき自分の給料袋と教授の給料袋の二つを、背広の内ポケットに入れたまま帰宅したことがありました。私は教授の奥様に申し訳ないと思いましたが、夫はただ笑っていました。またあるときには、公務員の冬のボーナスの平均額が約三十万円だ、とテレビで報じているのを見て、夫はズボンの後ろポケットからボーナス袋を出して言いました。

「ええっ、そんなにあるのか。おれは三万幾らや、少ないな、と思って、ポケットにひょいと入れて帰ってきた」

金銭感覚に乏しい夫は金額を読みちがえたのでした。

研究に集中しているときは空腹も眠気も感じないようで、文字どおり寝食を忘れました。私は夫の健康だけは気遣いましたが、世事に疎《うと》いところや頓珍漢な言動をすることを苦にしたり見咎《みとが》めたりするより、むしろおもしろがっていたのです。そんなところが夫の魅力だとさえ思って、長年暮らしていました。だからおかしな言動が頻繁に起こるようになってきたのに、相変わらず笑い流して、それが認知症の始まりかもしれないとは思わなかったのです。

ともかくも夫は六十三歳で定年退職しました。無事に勤めおおせたことは、夫自身の努力や忍耐も並大抵ではなかったでしょうが、学内外の共同研究者の方々の支えや、幸運なめぐり合わせのおかげも大きかったことでしょう。そう思って私はもろもろの神や仏や人様に感謝しました。

退職後半年間は、週に一度だけ一回生に化学の講義をすることが決まっていましたが、他に第二の職場を求めるつもりはなく、田舎暮らしをしようというのが年来の希望でした。

研究室にたまった論文抜き刷りのファイル類、学会誌、書籍などたくさんの私物を自宅へ運ぶ作業を手伝いました。夫は運転免許を一度も取得しなかったので、車が必要なときはいつも私がひきうけてきたのです。

すべての私物を持ち帰るのに一週間かかりました。すっかり空にした研究室を後任に明け渡した夜、私たちはビールで乾杯しました。

「長いあいだご苦労さんでした。これですっかり終わったねえ」

夫をねぎらい、夫の三十八年近くの研究生活が終わった、という感慨に浸りながら二人でビールを重ねているうち、口が軽くなった私は冗談を言いました。

「私にもご苦労さんと言ってくれないの。一週間も運転手務めたのよ」

夫は驚いたように私の顔を見ました。

「一週間て、なにが?」

「なにがって、一週間、毎日、大学に通ったでしょう」

「一週間て、なんでや。今日行っただけやろ」

「ええっ、今日だけって? 一週間ずっと行ったでしょ。毎日、山のような荷物を車に積み込んで、運転して帰ったでしょう。恩に着せる気はないけど。今日だけなんて」

つい大きな声が出てしまいました。

夫は、そうやったかなあ、と言いながらビールをぐいっと飲み干しました。

それ以上は追及しないでその場はすましましたが、床についてからどうしても考えずにはいられませんでした。今日一日は覚えているが、昨日までの六日間がすっぽり抜けるとは、どういうことだろう。細かなことにこだわらず、うっかり忘れることが多い性格の夫だから、これまでも似たようなことはあった。とくにいまは、定年退職という一生のうちの特筆すべきできごとを乗り越えたのだ。消耗《しょうもう》し切ったのだろうか。明日からなにも考えないでゆっくりしてもらおう。こう一人で考えて、この忘れ方が重大な問題をはらんでいるとは認識しないまま、その場は流してしまったのです。

大学から家に持ち帰ったものを物入れに収納して一息ついたあと、私たちは引っ越し先を探しはじめました。

そのとき住んでいたのは、京都府の南部にある人口五万人ほどの京田辺市でした。山を切り崩した造成地に戸建ての家が千五百軒ほど建ち並んだ新興住宅街に、一九七九年から住んで、その地で長女長男の二人の子どもを育てました。二人はすでに結婚して、長女（当時、三十三歳）は東京都府中市に、長男（同、三十一歳）は京都市に家庭を持っていました。

私たち二人の老後を過ごす家は静けさが必須条件でした。そう考えるにはわけがありました。

退職の三年前に、私たちは同じ住宅地内の幹線道路沿いだった家から、奥まったところの家に引っ越しました。最初の家は、車の騒音が年々激しくなり夫が耐えられなくなったのです。退職までのとりあえずの避難として奥まったところに越すが、通勤から解放されたら本格的に田舎暮らしをしよう、と二人で思い定めていたのでした。

静けさのほかに、空気がよくて、住宅が密集していないこと、見晴らしのよい緑いっぱいの地、川釣りが趣味の夫のために川が近くにあること、ガーデニングが好きな私のために日当たりのよい庭があること。希望は膨《ふく》らみます。欲張りすぎて難しいのではないかと思っていましたが、意外にもほぼ希望を満たす中古住宅が、三重県津市に見つかったのです。

西側に隣家が一軒あるだけで、三方が田畑や雑木林に囲まれています。南側は笹や雑草が生い茂った斜面で、下った底に流れる用水路をまたぐと畑が広がり、畑の先には杉や檜《ひのき》の林でさえぎられて見えませんが、一級河川の雲出川《くもずがわ》が流れています。林の向こうには里山や遠く霞む山並みが見晴らせます。リビングルームの窓から眺めたこの景色と、ほとんど車が通らない静かな環境とに惹《ひ》かれました。

夏の暑い盛りに、六十三歳の夫・徹と六十歳の私・洋子と十一歳になる飼い犬のダイの、二人と一匹が蟬時雨《せみしぐれ》の降りしきるこの地にやってきました。

最初の夜、南側の用水路から高く冴えた鳴き声が聞こえてきて二人で顔を見合わせました。たぶんカジカの鳴き声だろう、それにしても居ながらにしてカジカの声を聞けるとは。私たちはそう言い合って、この地に越してきたことを喜び合ったのです。

運び込んだ家具や荷物の片づけもそこそこに、ダイの散歩を兼ねて二人で周辺を歩きまわりました。

わが家をとりまく田畑の農道から西に望める青山高原の頂上には、風力発電の風車がたくさん建っていて、白い三枚羽がゆっくりと回っています。

近くには三重県の林業研究所があり、広い敷地内には品種名の表示がつけられた杉や檜が植わっています。腐葉土が厚く積もった道は外部の人間の通行も自由です。早朝にその道を歩くと、灌木《かんぼく》に烏瓜《からすうり》が巻きつき、前夜咲いた真っ白なレース状の花の終わったのが、やわやわとした真綿のような繊細な触感で残っていたり、艶やかな紫色の露草《つゆくさ》が群れ咲いていたり、檸檬《レモン》色の宵待草《よいまちぐさ》が朝の光に心細そうになっていたりしました。私がその道を「軽井沢」と呼ぶと、「軽井沢が聞いてあきれるぞ」と夫は笑いましたが、ダイと頻繁に歩くうち二人の口癖になっていきました。

日中は暑くても日が暮れると次第に温度が下がり、夜遅くまで窓を開けて網戸にしているとクーラーの必要はありませんでした。それまで住んでいた鉄筋コンクリート造りの家とはちがって、木造住宅は日中の暑熱が残らないのか、地域全体が都会のようなヒートアイランド現象から免《まぬか》れているせいなのか、いずれにしても昼間辛抱しさえすれば夜は涼しく安眠できました。

気に入った環境の、住み心地のよい家を喜んでいる一方で、私はしばしば夫の言動にいらだちました。

原因の一つは、夫が家具や台所の道具などの配置を私に相談せずに変えたり、見えないところに仕舞い込んだりすることでした。

「使い勝手がいいようにしているのに、そんなところに置かないで」

私が抗議すると、夫は気色ばみました。

「せっかくおれが感じよくしてやってるのに、戻すのか」

「だって、このほうが使い勝手がいいもの。私がもっぱら使うのよ。私の好きにさせて」

「おれがしといたほうが見た感じがええのに、なんで気に入らんのや」

夫も引き下がりません。

私はどこで手抜きをするかに頭を使う怠け者の主婦ですが、台所まで夫に干渉されるのはたまらない、という気がむらむらと起こってきました。

「だってそうでしょう。私が長年の経験で言ってるのに、それをまったく認めてくれないの」

「主婦業やってきたのがどれだけのもんや」

夫の言葉が私の胸に刺さりました。ああ、これが本音なのか。世の多くの男性の本音を、夫も隠し持っていたのか。

怒りとともに、忸怩《じくじ》たる思いもわいてきました。

私は夫が助手をしていた薬学部無機薬化学講座を一九六五年に卒業しましたが、薬学部は自分に合わない、文学部に入りたかった、と思い続け、四年間ろくろく薬学の勉強をしませんでした。就職した京都大学医学部法医学教室にもなじめず、一年で京大病院薬剤部に変わりましたが、そこも長女が生まれて五ヵ月のときに退職しました。その後、三歳になった第二子の長男を保育所に預けて大阪府の小学校教諭に再就職しましたが、四十歳で退職してしまいました。私も含めて家族のだれかが常に体調を崩していることに耐えられなくなって退職したのですが、強い精神力があればなんとか工夫して定年まで働くことができたはずだ、という思いが残っていました。

車に乗っているときもしばしば口げんかになりました。三重県に来て、どこを走るのもはじめての道なのですから、買った道路地図を夫に渡して指示してくれるように頼みました。ところが地図上のどこを走っているのかが夫はとらえられないうえ、地名の漢字も読めませんでした。運転しながら地図を見て、ここ、ここ、と指さなければなりません。一つのページの端まで走って次のページを開くときも、どのページを開けばよいのか、また私がページを指示しなければなりません。前方不注意になって事故を起こしかねない状況に陥りました。

「ちゃんとナビゲーターの役目はたしてよ」

つい愚痴が出ます。

「やってるやないか。多少まちがってても、日本中の道はすべてつながってるのや」

夫の屁理屈に返事もできなくなった私は、もういっさい頼むものか、と思わざるをえませんでした。

また、夫は車窓から外を見ていて、おかしなことをしばしば言いました。

「あの車、いつもあそこに停めてある」

「あの人、いつも見るなあ」

はじめて走る道でそれはありえません。

「そんなことあるわけないでしょ」

あきれて否定すると、夫はむきになって、いや、そうだ、と言い張ります。

「ここはじめての道よ。はじめて走るのに、どうしてそんなこと言えるの」

「いや、いつも見てる」

眉間にしわを寄せて夫は不機嫌になる。私もいらいらと腹立たしくなる。車の中で険悪になることが度重なりました。

定年後の夫婦にときとして訪れる危機というのを知ってはいました。定年離婚があるのも知っていました。どうやら他人事ではないらしい、と私は胸の中で溜め息をつきました。

夫は時間や体力に余裕のあった若いころは、川釣り、木工、レコード鑑賞、三本仕立ての菊づくりなど、多彩な趣味を楽しんでいました。五十四歳になって教授職についてからは、趣味をかえりみる余裕はまったくなくなりましたが、退職したら思う存分遊ぶぞ、と宣言していました。

ところがいざ退職したらなに一つ始めようとしませんでした。ダイとの散歩以外は家から出ようとせず、音楽を聴く以外なにをするでもなく時間をやり過ごしていました。

「せっかく雲出川があるのに、釣りに行ったらどう」

ある日、たまりかねて言ってみました。

「そう急《せ》くな。時間は売るほどある」

そう言ってとりあわなかったのですが、二、三日して気が向いたようでした。「おれの隠れ家」と称して占有している地下室で、釣り道具の入ったケースをいくつも並べて、中を点検しはじめました。

ずいぶん時間がたっても上がってこないのでようすを見に行くと、夫はあぐらの姿勢でテグス糸を指に絡めて俯《うつむ》いていました。

「どうしたの。入念な準備中というところやね」

声をかけると夫は苦笑しながら言いました。

「おれも年取ったもんやなあ。手先の器用さが失われてきたぞ。仕掛けができん。おれは器用やったから、既製品はあんまり買わずに自分でつくったりしてたんやがなあ」

確かに、自分でバルサ材を削って、漆《うるし》を塗り、模様も描いた、さまざまなかたちや色の浮きをたくさんつくっていました。

とうとう夫は諦めて店開きしていた道具類を片づけました。

何日かして再挑戦したらしく、道具を自転車に積んで出かけていきました。やれやれ、ようやく軌道に乗ったのか、と思っているところへ夫が戻ってきました。

「チクショウ。さあ、やろう、と思って、道具をぜんぶ出して並べたら、エサを忘れて行ってた。今日はもうやめや」

それからもなんどか出かけていきましたが、そのつど、エサや針や浮きなどなにかを忘れたり、自転車がパンクしたり、道をまちがったり、と、理由はいろいろ並べましたが、一度も釣るところまでこぎつけませんでした。そしてすっかり、魚釣りを諦めたようでした。

どうもおかしい。そういえば、引っ越しして数ヵ月になるというのにこの家の住所を憶《おぼ》えていない。郵便番号も電話番号も言えない。転入手続きや公共料金の口座引き落とし依頼など、さまざまな書類の書き込みをめんどうがって私にすべておしつけたから、憶えられないのかもしれないが。どうしてこんなに弛緩《しかん》した状態なのだろう。退職後の新しい生活を積極的に始めるには、まだまだ時間がかかるということなのだろうか。

私は、浮かない気分にとらえられていました。

疑念　二〇〇三年

翌二〇〇三年。

三月で定年退官する一年後輩の教授の最終講義と記念パーティーが、二月下旬の土曜日に大学で催されるという連絡が来ました。夫も出席の返事を出しました。

前日に、近鉄電車の座席指定特急券を買ってきました。夫はチケットを前に置いて、どの駅で乗り換えるのか、どこで降りるのかを尋ねます。大和八木《やまとやぎ》駅で京都線に乗り換え、次に丹波橋駅で京阪電車に乗り換えて丸太町駅で降りるとひととおり説明しました。憶えられないらしく、なんども尋ねます。しかたなくメモ用紙に書いて渡しました。夫はそれを読んではまたしても尋ねるのでした。

帰宅は午後十時すぎになるだろうと思いながら、本を読んで待っていたところ、九時半ごろ電話が掛かってきました。家族ぐるみで親しくしていた先輩教授のM先生からでした。

「多賀さん、もう帰ってますか」

なにかあったのかと思いながら、まだです、と答えました。続けてM先生はためらいがちに話されました。

「多賀さんのようすがおかしかったのですよ。みんなの顔や名前を忘れているようだし、帰りの切符を買うとき、どう買うのか迷っているから、なんども説明したんだけど、なかなかわからない。多賀さん、君、酔ってるのか、と尋ねたんだけど、酔ってないと言うし。ともかく切符を買ってあげて、一人で帰れると言うから、大久保駅で僕は降りたけど、送っていけばよかったなあ」

出かける前の夫のようすからして、M先生が誇張しているとは思えません。やはり、という思いが頭をかすめました。

心配だから一度、受診したらどうですか、と言ってM先生は電話を切られました。

十二時前になって夫はようやく帰ってきました。

「乗り過ごしてなあ、また戻ってきたんや。車掌さんになんべんもなんべんも聞いたぞ。困った顔しながら教えてくれよった」

機嫌のよい顔で笑っています。

「M先生からさっき電話があったのよ」

「なんて」

「あなたがいろんな先生の顔や名前を忘れていたから心配ですって」

「あたりまえや、一年ぶりに会ったんやぞ。忘れてる人もいるよ」

「切符の買い方もわからないみたいだったって。でも、帰りの特急券も買って渡してたから、財布に入ってたはずでしょ」

「そんなん、ないぞ。だから苦労して買おうと思ったんやないか」

「入れたんやけどね。ちょっと財布を見せて」

探してみると入っていました。往路の分はないから使ったのでしょう。

「M先生がねえ、ひょっとして頭の中に腫瘍《しゅよう》ができていたり、脳の血管が詰まっていたりしたらたいへんだから、一度、専門医を受診したらどうですかって。行きましょう」

「そんなことになってたまるか。大丈夫や。なに言ってる」

夫は笑ってとりあいませんでした。

翌日から私は病院に行くことを繰り返し勧めました。

「なんでもなかったら、これ幸い、と思えばいいでしょ。ともかくいっぺん行ってみましょう」

痴呆症（痴呆という言葉が認知症に替えられたのは、二〇〇四年十二月のことです）かもしれない、という疑いを心の隅に持ってはいましたが、口にするのは残酷な気がして、脳腫瘍か脳梗塞かどちらかの疑いがないか受診しましょう、と勧めました。夫はようやく承知して、国立三重中央病院に行きました。何科を受診すればいいかわからず、外来受付で相談すると、脳神経外科を受診するよう教えられました。

診察室に私もいっしょに入りました。五十代はじめぐらいの年齢の医師がにこやかに問診されました。

「名前と住所を言ってください」

名前は言えましたが住所は言えません。

「引っ越ししてきたばかりだから、まだ憶えていないんですわ」

医師は、そうですかと軽く流して、次の質問に移りました。

「いま何年ですか」

「えっと、何年かな。そうそう、去年退職したとき、最終講義をする日を憶えやすいように、二〇〇二年二月二十二日にしたから、今年は二〇〇三年です」

「そうですね。年号ではどうですか」

「年号って？」

「明治、大正、昭和という日本の年号です」

「えっと、それは、昭和何年かな。このごろ西暦ばっかりで言うでしょう。昭和なんてなあ。何年やった」

夫は私のほうを振り向きました。

「もう昭和でなくて平成になってるのよ。平成十五年です」

そうか、と言って、夫は大きな声で笑いました。

続いて引き算の問題や、物の名前の記憶を試す問題などが出ました。夫はできたりできなかったりしました。

「奥さんから見て、なにか変わったことはありますか」

私は言葉に詰まりました。あんなこと、こんなこと、自分が腹を立てたりいらだったりしたことを、洗いざらい話したい衝動がちらっと起こりましたが、夫の前では夫を傷つけることになります。私はなにも言えませんでした。

そのあと、脳のＭＲＩ撮影を受け、医師はできあがった画像を見ながら診断されました。

「脳腫瘍も脳梗塞もありません。ただ、このあたりに少し脳萎縮が見えます。でも、たいしたことはありません。年齢の平均より少し進んでいるかな、という程度、個人差の範囲です。まあ、いまのところさほど心配な状態ではありませんから、せいぜい趣味のことに頭を使って積極的に暮らすようにしてください。ひどくなるようならまた来てください」

診察室を出てから、夫は私の顔を見据えて言いました。

「そら、みろ、なんともなかったやないか。うるさく言うから、のこのこ出てきたけど」

「なんともないってわかって、よかったわ」

夫に調子を合わせましたが、少し脳萎縮があるということが気になりました。痴呆なら脳萎縮がある、という知識を私は持っていました。夫にその知識があるかどうかを尋ねることもできませんでした。痴呆という言葉を使うこと自体が私には恐ろしかったのです。

積極的に暮らしてくださいと医師に言われたことで、さすがに夫も考える気になったようでした。

「釣りは体力が要るし、ちょっともうできんなあ。やっぱり絵かな」

夫は幼いころから絵を描くのが好きでした。広島県の山奥に住んでいた中学生のころは、学校が終わると一人山に入って、風景を水彩で描いていたといいます。大学は美術に進みたい気もあったようでしたが、理学部の物理に進学したのでした。退職したときスケッチブックと水彩色鉛筆とを揃えていました。

「そんなら、あちこち見てまわってスケッチするのはどうかしら。私、運転手になるわ。あなたが描いているあいだ、私は本を読んだりそのへんを見ていたりするわ」

私は夫とちがって絵は苦手です。いっしょに自分も描いてみよう、とはまちがっても思いません。

まずは家の裏を流れている雲出川沿いの絵になりそうなポイントを見てまわろうということになりました。最初は、雲出川の河口にあたる香良洲《からす》海岸にしました。光は春めいてきていましたが、まだ冷たい風が吹く中で、夫はスケッチブックを開きました。

「ここから見たこの構図がいいなあ。うん。これがいい」

そう機嫌よく言って、四十分ほど集中して松並木と大海原とをスケッチしました。

「海面を描くのが難しいなあ。これで終わったことにしよう」

「海の色がよく描けてるわ」

生き生きとした夫の姿は私を喜ばせました。

「忘れてしまうから、今日の日付とここの場所を書いておかんとなあ。今日は何日や」

「二〇〇三年二月二十八日よ」

夫は描いた面の裏に鉛筆で横書きしました。

「場所は」

「香良洲海岸でしょ」

「からすかいがん、どう書くかわからん」

「香り、良い、さんずい偏に州、よ」

「かおり？　よい？　それから？　わからん、書いてくれ」

私は日付の下に書き込みました。漢字が書けないのはいまさら驚くことではありません。

その日を皮切りにしばしばスケッチに出かけていきました。

雨が降ったり用事があったりしてスケッチに出かけない日は、夫はそれまでの作品に手を入れて過ごすようになりました。

「あとは想像の世界で、なんとでもなる。見たままを描くんやったら写真でいいんやからな。心に映ったものを描くのや」

と私に説明しながら、色を塗り重ねたり、描き加えたりするのでした。絵心のない私は感心して眺めるばかりでした。

こうして暮らしていけばいいのかと思う一方で、夫の言動は依然としておかしく、私は内心いらいらしたり腹を立てたりしていました。

七月になって娘が出産のために帰ってきました。結婚して九年になっていましたが、それがはじめての妊娠でした。フルタイムで共働きをしていて、いままで子どもをつくる気にならなかったけれど、三十四歳になったのでここで多少の無理をしても出産しておこうと考えたと言いました。

駅まで出迎えた私は、妊娠してからはじめて会う娘が、臨月間近の妊婦らしく腹部を突き出し、きつい顔になって歩いてくるのをいじらしい思いで見ました。

予定日は八月二十二日で、出産後十月半ばまでこちらで過ごす予定でした。久しぶりの娘との暮らしが私にはなにより嬉しいことでした。夫のようすが少しおかしいということは、子どもたちに電話で伝えていましたが、娘が父親と暮らしてみてどう感じるかを知りたいと思っていました。

夫はダイの散歩に娘を連れていったり、二人で相談しながらパソコンを買い替えたりして、毎日上機嫌で暮らしていました。

「お父さん、そんなに心配なことはないように思えるけどね」

それが娘の最初の印象でした。

ある日、留守を夫と娘に頼んで私一人が出かけました。

用事をすませて四時ごろ帰宅している途中、雷が鳴り雨が激しく降りました。

家に帰り着くと、夫のようすがおかしいのでした。俯いてソファーに座ったままでろくに口をききません。

その夜、二階の娘の部屋に行って、昼間のことを尋ねてみました。家のすぐ前の電柱に落雷があって停電した。娘が夫にブレーカーを調べてと言ったが、夫はブレーカーという言葉がわからなかった。もちろん、どこについているかも知らなかった。いつまでも停電していると、冷蔵庫の中身も心配だし、パソコンも使いたい。娘は、隣家へ行ってブレーカーの設置場所を教えてもらって、と頼んだ。ぐずぐず言って動こうとしない夫を急《せ》き立てたら、ようやく尋ねに行った、と娘が経緯を話しました。

「お隣のご主人が来て、洗面所の上にあるブレーカーをすぐに入れてくれはった。それから、お父さんは沈み込んで、俯いたままじっとしてはったの」

「そうやったの。お隣はこの家の前の住人と親しく行き来してはったから、この家のことはなんでもわかってはるみたいよ」

「お父さんを傷つけたんやろうね」

「自分でできなくて、お隣に来てもらったから、やっぱり、恥ずかしかったんやろね」

「お父さんのこと、聞いてたけど、いままではたいしたことないと思ってたんよ。お母さんが思い過ごしてるのとちがうかって。でも今日でよくわかったわ」

「なにもないときは機嫌よくしてはるけどねえ、なにか変わったことがあると困るのよ」

「停電してるのに、これでええ、なんで電気がいるんや、電気なしでも暮らせるぞ、と言わはったんよ」

「おかしな屁理屈こねはるやろ。なにかふだんとちがうことをするときは、しなくていい、といつも言わはるの。新しいことをするのも、だれか業者さんに来てもらうのも、近所の人とつきあうのも、みんな嫌なの。受け入れられないのね」

私は階下で眠っている夫が起きないかと気遣いながら、いままでの溜まっていた思いを吐き出しました。

「私がちょっときつく言ったのが悪かったとは思ってるのよ」

娘はしょんぼりとしています。

「そんなことないわ。私やったらもっといらいらして、きついこと言ったと思う」

身重の体に応えないかと心配になって、娘を慰めました。

八月十四日の夜、夫は入浴をすませて二階に上がりました。数日前から夫に二階の和室で寝てもらい、予定日の近づいた娘と私は階下の和室でいっしょに寝るようにしていました。

「昼間はここも東京と同じくらい暑いけど、日が落ちると涼しくなるねえ」

そう言いながら風呂から出てきた娘が、夕刊を読んでいた私の横に座りました。

「お母さん、ちょっと見てちょうだい。お腹、よく張るの」

母娘二人の気安さから、娘はパジャマのボタンをはずして腹部をさらしました。着衣で見るよりずっと大きくて、きんきんに膨らんだ皮膚は妙に光っていまにも破裂しそうに見え、私は内心、こわいという印象を受けました。

「赤ちゃん、よう動いてるの？」

「よう動いてたけど、今日はおとなしいわ」

「あと、一週間やね。いよいよやね」

話しているところへ、腕や首筋をせわしなく掻《か》きながら夫がぬっと顔を出しました。

「痒《かゆ》くて眠れん。なんか虫がいるらしい。蒲団《ふとん》に殺虫剤撒《ま》いてくれ」

「ええっ、そんな。お蒲団に殺虫剤なんか撒けないわ」

「なんで撒けんのや」

「だって、そんなことしたら臭くなるし、それに薬品が体に悪いと思うわ」

めんどうなことを言いだすと私は思いました。それが顔に出たのでしょう。私が言い終わらないうちに夫が大声をあげました。

「いちいちおれの言うことに逆らう。こんな家、もう嫌や。出ていく」

ぴしゃんとリビングの戸を閉めて玄関に向かう夫をあわてて追いかけました。

「ごめんなさい。痒み止めを塗ったら治ると思うから、そうしてちょうだい」

形相を変えた夫は靴を履こうとします。腕をとって引き止めました。

「こんな時間にどこにも行けないでしょ。お腹の大きい子に心配させたらかわいそうやから、やめてください」

娘のことが効いたのか、夫は思い留まってくれました。私を突きのけて、足音も荒々しく二階に上がっていきました。

リビングにとってかえすと、娘が呆然とした顔で座っています。

「痒み止めを持っていってなだめてくるわ。心配させてごめんね」

「あんなお父さんを見るの、はじめてやわ」

力なく言って、和室に入っていきました。

軟膏を持って二階に上がってみると、夫は蒲団の上にあぐらをかいて、体を震わせていました。

「そんなに怒らないで。これを塗ったら治ると思うわ」

差し出したチューブを夫は払い除《の》けました。

「こんなもんで治るか。もうこんなとこで寝られん」

「それじゃあ、あなたと私はリビングで寝ることにしましょうか」

板間のリビングで寝ることにして、夫の蒲団を持って下りました。

普通の体ではない娘がショックを受けているのが気懸かりでした。夫はやはりおかしい。出産を間近に控えた娘にこんな場面を見せてしまった。かわいそうなことをした。後悔で寝つけませんでしたが、そのうち眠ったのでしょう。

とつぜん、娘が襖《ふすま》を開けて出てきました。

「お母さん、ちょっとおかしいの。破水したかもしれない。病院に電話してみるわ」

とっさに時計を見ると、午前二時を少し回っていました。

娘は落ち着いたようすで病院の指示を聞き、はい、すぐ入院します、と返事しています。夫を起こしました。

「破水したようなので、いまから緊急入院します。留守番しておいてね。どういうことになるかわかったら、病院からすぐに連絡入れますから」

夫は眠る前の怒りをすっかり忘れたのか、平静な顔で、気をつけて運転しろよ、と言って送り出してくれました。

娘は破水してしまっていたので陣痛促進剤を使うことになり、そのせいで陣痛が激しかったようでしたが、無事に女の子を出産しました。初孫を抱いて、夫は相好《そうごう》を崩して喜びました。前夜に夫と私が一悶着《ひともんちゃく》起こしたことが影響して破水してしまったのではないか、と私は気を揉んだのでしたが、元気な赤ちゃんの顔を見て心配も疲れもどこかに流れ去っていきました。

三ヵ月ほど滞在した娘と孫が東京に戻っていって、また二人の暮らしになりました。

ある朝、ひやっとした寒さで目が覚めました。まだ大丈夫と思って薄い掛け蒲団で寝ていたのですが、急に冷え込んできたようでした。これはいけない、寒くて眠れない、厚めの掛け蒲団にしよう。そう思って私は二階の押し入れに仕舞ってある蒲団をとりに上がりました。娘と孫が東京に帰って以来、二階は使わずに閉め切ったままです。

和室の襖を開けた途端、薬品のような刺激臭がしました。なにかわからないまま押し入れを開けて、夫と私の掛け蒲団を取り出して持って下りました。夫は蒲団を取り替えてもなにも気づかずに眠っていました。

厚い掛け蒲団をかけて横になりましたが、二階の臭いが気になって寝つけません。そのうち喉がいらいらしはじめ、はっと気づきました。夫が二階で殺虫剤を撒いてその臭いが蒲団にも滲《し》みているのでしょう。そう気づいたらますます眠れません。せっかく持って下りた蒲団をまた二階に上げました。

前日は、夫に留守を頼んで松阪市まで花木や花苗を買いに行きました。帰ってきたときリビングにいた夫に変わったようすはなく、遅かったなと言っただけでした。

一時間ばかりして起きてきた夫に尋ねてみました。

「二階のテレビを見てたら、痒くてたまらんから、虫がわいてるのかと思って殺虫剤を撒いたんや。台所にあったやつ」

「どれぐらい撒いたの」

「どれぐらいかな。とにかく痒くてたまらんかったから、部屋とか押し入れの中とか」

蚊や蠅を殺すキンチョールのスプレー缶が一本あったのを使ったようでした。

「缶はどこに置きました」

「どこかな、忘れた」

二階に上がってみるとありました。ほんの一、二回使っただけのスプレー缶が軽くなっています。ほとんどぜんぶ使ったのでしょう。

娘が出産した前夜のことがよみがえってきました。夫がその部屋で一人で寝ていて、痒くてたまらんと言いだし、私の対応に腹を立てて激怒しました。娘はそのショックで破水してしまったにちがいない、と私は後悔し続けました。あのときと同じ痒み発作が起こったのでしょうか。痒み発作としか言いようがありませんが、制止する私が留守でしたから、思い切り殺虫剤を噴霧したのでしょう。

夫も部屋に漂う臭いを感じました。

「きつい臭いがしてるな。窓を開けて換気したら直るよ」

言いながら窓を開けて回りました。

「水拭きしてみるけど、畳や壁紙に滲み込んだのはとれないかもしれない」

「しまったなあ。撒かんかったらよかったなあ。目が痛くなってきたぞ」

夫も私も喉や目を刺激する臭いに閉口して、階下に下りてしまいました。

水で拭けるところは拭き、カーテンは洗い、蒲団は干し、窓を開けて換気し続けましたが、何日たっても刺激臭が漂っていました。

くよくよして暮らし続けるのに耐えられなくなった私は、畳替えと壁紙の張り替えを業者に頼み、殺虫剤を吸い込んだ蒲団類は捨てることにしました。

「そのうち直るよ」

なにか行動を起こすことには反対する夫が例によって反対しましたが、私は引き下がらず解決してしまいました。

痒み発作は二度とも、夫が一人で二階の部屋にいるときに起こっています。不安感から起こるのかと考えてみました。医学的に正しいかどうかわかりませんが、精神的なストレスで体が痒くなるのかもしれません。いずれにしても夫一人に留守番をしてもらうことは考えもので、このまま私には出かける自由がなくなるかもしれないと思えて、暗澹《あんたん》とした気分に引きこまれました。

春先に国立三重中央病院で診察を受けたとき、夫の脳は年齢の平均より少し多めの萎縮があるが、心配するほどのことはないと言われていました。しかし私は二度の痒み発作事件が気になりました。痴呆症を発症しているのかもしれないと、背中が寒くなる気分でした。

痴呆症やアルツハイマー病やもの忘れに関する本を、買ったり図書館で借りたりして何冊も読み漁《あさ》りました。読むほどに夫の状態はアルツハイマー型痴呆症の疑いが濃いと思えてきます。

発症の引き金になるできごととして、退職、転居、親しい人との別離が挙げられていました。退職に転居、夫にぴったりあてはまります。

また夫が車の騒音を非常に嫌がったのも、アルツハイマー病の症状の一つ、感覚のスクリーニング機能の障害かもしれない、と思える記述もありました。車の騒音といっても私はがまんできたし、同じ並びの住人たちもなんとか暮らしていましたが、夫は耐えられないと言い続け、退職までのとりあえずの避難として奥まったところに転居し、通勤から解放された退職後に再び引っ越しして三重県に来たのでした。

夫はずっと前からアルツハイマー型痴呆症を発症していて、そのために音に異常に敏感になり、騒音を避けるために転居したことがかえって病気を進行させたのかと思えました。この私の推測が当たっているとすればなんと皮肉ななりゆきでしょうか。

たった数分の問診やＭＲＩの画像では医師にも診断できなかったのでしょうが、四六時中いっしょに暮らしている私が知る夫の状態は、アルツハイマー型痴呆症に酷似していました。私が勝手に酷似していると思っているだけで、ちがうかもしれない。そう打ち消してみようとしても、いままでのさまざまな夫の言動にてらしてみると、否定するのは難しいのでした。

夫はアルツハイマー型痴呆症なのだ。私は一人心の中でそう覚悟を決めざるをえませんでした。現在の医学では回復不能の病気、近い将来に待ち受けている悲惨な症状、それらの記述を読むほどに、広がってくる暗い淵に呑み込まれる気分に陥りました。

何冊もの本を読んで、ひたすら絶望的な気分にとらえられていたとき、小澤勲著『痴呆を生きるということ』（岩波新書）に出会いました。

カバーの袖に書かれた「痴呆老人の治療・ケアに二〇年以上携わってきた著者が、従来ほとんど論じられてこなかった痴呆老人の精神病理に光をあて、その心的世界に分け入り、彼らの心に添った治療・ケアの道を探る」という、本の紹介に興味を持ってページを開いたのです。

「はじめに」には斎藤史《ふみ》の短歌が五首、引用され、「痴呆を抱えて生きるということは無明を彷徨《さまよ》うことである。そして、痴呆を病む人と向き合って生きる者も無明無限に棲んでいる、と感じざるを得ない時があろう」と書かれていました。それまで読んだどの本ともちがう、文章に香りのある本でした。

「彼ら（引用者註・痴呆を病む人）の、あるいは彼らとともに生きてきた人たちの、不思議に透明な笑顔と出会うことで、私たち痴呆のケアにあたる者が、逆に励まされ、癒され続けてきた」と続いています。そして、「痴呆の悲惨と光明をともに見据えるために、また、生と死のあわいを生きるすさまじさと、その末に生まれる透き通るような明るさを伝えるために、この一文を書く。彼らに少しでも報い、彼らの思いを世に伝えるために」と結ばれていました。

痴呆に光明や透き通るような明るさがある？　私は一気に引きこまれて貪《むさぼ》り読みました。

医学的治療の困難な痴呆のほとんどは、アルツハイマー病による痴呆と脳血管性痴呆の二つである。

痴呆の症状には、だれにでも現れる中核症状と、人によって現れ方がまったく異なる周辺症状とがある。

中核症状とは、記憶障害、見当識障害、判断力・思考力の障害、言葉や数のような抽象的能力の障害などで、脳が損傷されたことによって直接的に生み出される症状であり、治療不能、回復不能である。

周辺症状には、もの盗られ妄想、配偶者が浮気していると思いこむなどの嫉妬妄想、不眠、抑うつ、不安、焦燥《しょうそう》、徘徊《はいかい》、弄便《ろうべん》、収集癖、攻撃性といったさまざまな症状がある。周辺症状は人によって現れ方が異なるが、これは、中核症状がもたらす不自由を抱えて、暮らしの中で困惑し、行きつ戻りつしながらたどり着いた結果であると考えられる。

それゆえ周辺症状は、痴呆を病んでいる人が置かれてきた過去や、現在置かれている状況を考えないと理解できない。

以上のような記述に続いて、ケアの現場で著者が遭遇した症例が紹介されています。

現象的には異なる様相を呈す周辺症状ではあるが、痴呆を病む人の心の根底に共通してあるものは深い喪失感と不安感である。なじみの風景、なじみの場、なじみの関係、なじみの「わたし」を喪《うしな》う不安と、未来への不安におびえていて、それがもの盗られ妄想や攻撃性や徘徊といった現象になって現れる。

著者のこの説明に私は目を見開かされ、納得させられました。

このように論じてきた著者は、周辺症状にはケアが届くと述べていました。

届かせるためには、痴呆を病む人の人生のストーリーを読み取らねばならない。家族が過去や現在のできごと、困惑しているできごとを語るのは当然のことであるが、痴呆を病む本人も、聴き手が時間的順序を正したりせずに心を込めて聴くと、自らの来し方や現在の暮らしのありようを語り出す。物語る主体になった本人の言葉と、家族の話から得た情報とを合わせると、ストーリーが見えてくる。物語る彼らと、心を込めて聴く介護者とが、ストーリーを紡ぎ出す共同作業の過程で、周辺症状が何ゆえ起こるかが見えてくる。それが見えると痴呆を病む人の心に寄り添うケアの道筋をつけることができる。その道筋に沿って現在の身の丈に合った生き方を発見し続け、倦《う》まずたゆまずかかわり続ける。このようなかかわりの継続は本人の心にまちがいなく蓄積される。その結果、本人と家族や介護者が心を通いあわすことができ、険悪だった関係を修復でき、透き通るような明るさが生まれる。痴呆とはそういう病である。

このように記述されていました。

現在でこそ、介護の現場で、「心に寄り添うケア」という言葉をよく耳にしますが、二〇〇三年秋に小澤勲著『痴呆を生きるということ』を読んではじめて、私はこの言葉を知ったのでした。

痴呆を病む人の人生のストーリーを読み取って、心に寄り添う介護をすれば、透き通るような明るさが生まれる。この結論を読み、私は一筋の光をつかんだ思いがしたのです。と同時に、焦燥にも駆られました。夫はアルツハイマー病かどうか、診断が下ったわけではありませんでした。自分一人で推測しているだけです。専門医にかかって、診断がほしい。けれど夫は受診を拒む。小澤勲氏の説に深く納得すればするほど、夫の場合にあてはめていいのかどうか、宙吊り状態のむなしさが胸の中でざわざわと渦巻きました。

暗鬱　二〇〇四年

『痴呆を生きるということ』を読んで考えたことは私一人の胸におさめ、夫に告げることはしませんでした。

私たち夫婦は、どちらかが癌《がん》にかかった場合、隠さず教え合うことを中年のころから約束していましたが、痴呆になった場合のことはまったく念頭にありませんでした。いまになって夫の意思を問うこともできません。どうしたらいいか一人で考えましたが、とても話せるものではありませんでした。早く知って治療すれば治る、という病気ならすぐにでも告げます。けれどアルツハイマー病はそうではないのです。しかも医師の診断で確定したわけではありません。

夫がアルツハイマー病であってもなくても、これからの夫との暮らしに必要なものは、お互いがお互いの心に寄り添う愛情しかないのだ。ならば告げる必要はない。告げて絶望に突き落とす必要はない。私の胸におさめてこれからの日々を笑って暮らせるようにしていこう。

こう思い決めた私でしたが、その覚悟がいかに脆《もろ》いものか、愛情の二文字が、なんとすげない顔を見せて、私のもとから滑り落ちてしまうか、当時はまだわかっていなかったのです。その後の日々に身に沁《し》みて実感することになりました。

二〇〇三年十一月下旬、薬学部の同窓会誌が郵送されてきました。毎年この時期に届きます。ページをくっていた夫が、退職教授の名簿が載っていない、と言いました。探して、そのページを開いて渡すと、見ていた夫が険しい声で言いました。

「おもしろくない」

そして、眺めていた同窓会誌をサイドテーブル越しに私に放り投げました。

「どうしたの」

「洋子はおれに早く仕事を辞めろと言うたやろ。だから、おれだけ空白や。クソ！　おれはまだやろうと思ってたのに」

私は会誌を拾って退職教授の名簿を見てみました。氏名の次の欄に、現在の勤務先や役職などの肩書が載っていたり、名誉教授と記載されたりしています。夫の欄だけになにも記載がありません。これを空白だと言って夫が怒っているのだろうとわかりました。

「早く仕事を辞めて、なんて言うてないわ」

「言うたやないか」

「ちがうわ。教授会の空気が嫌でたまらんから定年を待たずに辞めたい、とあなたが言うたのよ。そのとき、定年まで勤めてほしいけど、どうしても嫌なら辞めてもいいわ、と私は言うたのよ」

「早く辞めろと言うたやないか」

「ちがいます。他の研究室の先生が定年より早く辞められたとき、おれも還暦になったら辞めようかな、とあなたが言うたのよ」

卒業生が研究室に残って、助手、助教授、教授と昇進していくことが多い中で、他大学出身の夫が居心地の悪い思いをすることもあるのを、ある程度わかっていました。夫は研究に没頭し、それなりの成果を出していたようでしたが昇進は大幅に遅れました。人事はめぐり合わせの運不運があるので、大幅に遅れた原因は私にはわかりません。五十四歳になってようやく教授職に就いた夫は昇進を喜びはしましたが、教授会やさまざまな委員会の会議で大半の時間が潰れるようになったことを嘆いていました。また講座の改編問題が持ち上がり、心騒ぐことが多かったようでした。

早く辞めたいならそれもしかたない、と静観していましたが、結局六十三歳の定年まで勤めました。退職後に私立の大学の講師に来ないかという話もあったようでしたが、夫は断りました。

「洋子はもう、おれが大学教授やったことも、なにもかも否定してるんやろう」

私を睨《にら》みつけながら言う夫の思いがけない言葉に私は驚きました。

「どうしてそんなこと言うの。否定なんかしてないわ」

「いや、全否定してる。もうプライドもなにもなくなってしまった」

「そんなことありません。全否定なんて」

「ばかにされてなんか生きていたくない。もう嫌や」

吐き出すように言うと、夫は荒々しく音を立てて庭に出ていきました。

私は自分の胸の鼓動が大きく打っていることに気づきました。若いころはどなり声を上げることなどない夫でしたが、おかしくなってからはしばしば大声をあげて激怒しました。私はそれに慣れることができませんでした。

名誉教授の称号を得るには十年の教授職期間が必要だ、と夫から聞いたことがありました。夫は九年しかありません。空白なのはしかたないことなのです。あんなものあっても飾りだけや、と夫は笑っていたのでしたが、引退して名誉教授の称号がないことに耐えられないのでしょうか。

世間体なんか気にしない人だ、そこが好きだ、と思っていたのに。それがどうして私への非難にすりかわったのか。全否定などという言葉まで使って。私にばかにされていると思っているのだろうか。胸の動悸がまだ治まらないのを意識しながら思いあぐねました。

ようすが気になって庭に出てみると、夫は玄関前のテラスにダイといっしょにいました。脇腹をつけて寝そべったダイに覆いかぶさるようにしてなにか話しかけています。声をかけようかと近づきかけたとき、夫の肩が小刻みに震えているのに気づきました。声をかけそびれて、そっとリビングに戻りました。夫の泣く姿など見たことがありませんでした。夫の母が亡くなったときにも、九十一歳の大往生だったせいか夫は泣きませんでした。テレビドラマを観て涙をこぼす私を夫は笑います。その夫が泣いていた？　ダイには涙を見せていた？　驚きでした。

考えてみれば、夫に賞賛の眼差しを向けることも、褒《ほ》めることもしなくなっていました。相談することも避けていました。なにか新しいことをしたいときに夫に相談するとたいてい反対されるので、相談しない習慣をつけてしまっていたのです。これではばかにされていると夫が思っても無理はないかもしれない、と気づきました。

その夜、夫が寝入ったあと昼間のできごとを娘にメールで伝えました。娘からの返信には「お父さんはいままで仕事一筋にきた人だから、退職が応えているのじゃないかしら。生きがい喪失のような感覚ではないかと思うわ」という返事が来ました。

生きがい喪失？　なにか新しいことを始めようとはしないが、生きがいがないという空虚感はあるのだろうか。それとも、もっと根深い空虚感があるのかもしれない。

返信を見ていて、三重県に越してきたすぐのころ、夫が自分の生い立ちや学歴などを、私になんども尋ねたことがあったのを思い出しました。

「おれは何歳まで満州にいたのかなあ。忘れたぞ。中学校も、村の学校に何年生までいたかとか、忘れてる。ちゃんと書いておかんと、わからなくなるなあ」

「自分のことを私に聞くの？」

私は笑いました。夫も声をたてて笑いました。

「おれも年取ったなあ、頭がまず、いかれてきたぞ。なんでもすぐ忘れてしまう」

笑い声とはうらはらに内心は深刻なものだったのでしょうか。自分がどんな人生を歩んできたのか記憶があいまいになりつつあることに、不安を懐《いだ》きはじめていたのかもしれません。さらには、自分が何者かわからなくなるかもしれないという、未来に対する漠然とした不安も抱《かか》えていたかもしれません。

夫の内面に思いを馳せていた私の胸の中がふいに反転して、腹立たしい感情が膨らんできました。

生きがいの喪失？　それならこの私はどうなるの。私の生きがいはなに？　いまの私にはなにもない。あなたを一人にしておけないから一人で外出することを控えているし、ダイをペットホテルに預けるのをあなたが嫌がるから、二人で旅行することもない。あなたが他人とつきあうのを嫌がるから、友人に遊びに来てもらうこともできない。家事をして、本を読むか、縫い物をするか、草花や犬の世話をするだけの生活。

なんのために生きているのか。こんな老後なんて想像もしていなかった。退職して自由になったら、海外旅行をしたり、なにか共通の趣味を持ちましょう、などと話し合っていたのに。もっと活動的に生きているはずだった。なにか新しいこと、創造的なことを、二人で協同してやっているはずだった。

夫に対してなのか、こんな状況になってしまったなりゆきに対してなのか、自分でもはっきりしない怒りと無念が、綯《な》い交ぜになって胸を圧しました。

なんのために生きているのか。私は怒りと無念の底で、答えの出ない問いを、問い続けていました。

二〇〇四年の秋、夫の長姉が事故死する不幸に見舞われました。夫婦で神戸の森林公園に遊びに行き、石段で転倒して頭部を強打したのがもとで亡くなったのでした。

そのことで夫が大きな衝撃を受けたことが時間がたつにつれて目立ってきました。

ソファーに座って指でなにかを数えるようなしぐさを交えながら、一人でぶつぶつと言っています。

「なにを言ってるの」

尋ねてみると、夫は言いました。

「男三人、女三人の兄弟姉妹がいたやろ。俊雄が死んで、芳子が死んで、いままた京子が死んだやろ。次はだれかなあと考えてるんや」

冗談のように笑いながら言います。

「男のほうが先か。女が先か。兄貴か。おれか。ぽわっとしてるのが早いのとちがうか。ほんならおれか、泰子義姉《ねえ》さんや」

私はふき出しました。

「まあ、泰子義姉さんに悪いわ。それに泰子義姉さんは、血はつながってないでしょ」

「男、女、女、の順で死んだやろ。次はどうなる。男と来るかな。ほんならやっぱり兄貴かおれか、どっちかや」

指を立てて、一本ずつ折り曲げながら、同じことを言い続けます。半ば冗談であるらしく、笑いながらです。しかし、そんなことを毎日のように繰り返しました。

ふだんの生活を取り戻して、早く気分を変えねばなりません。音楽を聴くことを勧めてみました。夫は珍しく、そやな、と言って地下室に下りていきました。

ほっとする間もなく戻ってきた夫が眉間にしわを寄せて体を震わせています。

「あかん、音楽はあかん。感性が刺激されるんや。京姉ちゃんのことをよけい思い出す」

そう言って、ソファーにうつ伏せになってしまいました。

「そんなら、やっぱりスケッチねえ。いまから行きましょうか。君ヶ野《きみの》ダムの紅葉がきれいになってるころやと思うわ」

その日はちょうど紅葉真っ盛りで、静まり返っている湖面と盛りの紅葉とを、夫は三十分ほど熱心に描きました。

帰路、ＪＲ名松《めいしょう》線の関ノ宮駅の踏切を、徐行して渡ったあと、なにげなくバックミラーに目をやると、パトカーが赤色灯を回転させながら追いかけてくるのが見えました。他に車は走っていないから、自分が追われていると判断せざるをえませんでした。路肩に寄せて停車すると、パトカーもすぐ後ろに停車して、若い警察官が一人降りてきました。私が窓を開けると彼は満面の笑みを浮かべて車内をのぞき込みました。

「いいお天気ですね。ドライブですか」

「はい、君ヶ野ダムに紅葉を観に行ってきました」

「せっかくの気分を損ねて悪いですがねえ、踏切で一時停止しませんでしたねえ」

一時停止違反を見咎められたのでした。パトカーの後部座席に座らされて、もう一人の年配の警察官が反則切符を切るのを待ちました。黒いインクで拇印を押して、ようやく解放されました。また満面の笑みに戻った若い警察官がついてきて、車内の夫に言いました。

「お待たせしましたねえ。踏切は危ないですからね。それではお気をつけてお帰りください」

夫は軽く会釈しました。

「ほんとに嫌になるわ。隠れて見てたのね。二時間に一本しか通らないこんな田舎の線路でねえ。どうして鼠捕りの警察官はあんなに最初愛想よくするのかしら。お歳暮を買いに行って国道を走ってたとき、暮れは忙しいですからねえ、なんて、にこにこしながら、スピード違反の罰金、二万円近く取ったのよ。今日も七千円、嫌になるわ」

私は運転しながらぼやきました。

「うるさいなあ、黙っててくれ」

夫が険しい顔をしています。

「ごめん。あんまり悔しくて、つい」

「罰金二百円もとられるのか。高いなあ」

私は耳を疑いました。金額を正す気も失せてしまいました。

その夜のことでした。大きな声が聞こえて目を覚ますと、暗がりに夫が立って私の顔をのぞいています。

「警察の電話番号知らんか」

「どうしたの。なにか、泥棒とかの音でもしたの」

「もう、腹が立ってきた。電話してやる」

「一一〇番に電話するの？　だけど、どうして」

わけがわからないまま起き上がって、灯りをつけました。夫が興奮したようすで話します。

「警察はけしからん。捕まえよって。京姉ちゃんが死んだのに警察は捕まえよるし、腹が立ってきた。電話してやる」

一点を見据えてしゃべり続ける夫の顔つきは明らかに普通とはちがっていました。私は自分の胸が大きく動悸を打っているのを感じました。

「縁起の悪いことばっかり起こる。京姉ちゃんは死ぬし、警察には捕まるし。出かけたらろくなこと起こらん。家で静かにしときたい」

どうなだめたらよいのか私は言葉に窮しました。夫は眼に異様な光を湛《たた》えて、クソ、けしからん、クソ、と言い続けています。

「落ち着いてちょうだい。いま、温かい飲み物を持ってくるわ」

そう言い残して私は台所に行きました。興奮をどう鎮めたらいいか考えをめぐらせながら、カップ二つに砂糖湯を入れて寝室に戻りました。夫は頭を抱えて座っています。

「飲みましょう」

振り払われないかと心配しながら差し出したカップを夫は素直にとりました。しばらく黙って二人で温かく甘い砂糖湯をすすりました。

「朝になったら電話しましょう。こんな夜中では、警察もとりあってくれないわ」

「そうかなあ。いま、何時や？」

「二時前よ。寒いから蒲団に入って」

夫は意外にすっと横になりました。けれど、一分もたたないうちに起き上がって、また同じことを言いました。

「警察の電話番号知らんか？　もう、腹が立ってしょうがない。文句言うてやる」

「明日にしましょう」

「京姉ちゃん死んだのに捕まえよって。クソッ」

夫は横になってもすぐに起き上がっては同じことを言うのをなんども繰り返しました。そのつど私も同じことを言ってはなだめました。明け方ようやく夫は寝入りました。

浅い眠りのあと、私は諦めて起きてしまいました。そのようなひどい混乱ははじめてのことでした。これからどうなっていくのか、私はだれかにすがりつきたいような心細さを覚えました。

二時間ほど眠った夫は夜中の自分の言動を忘れているようでした。刺激しないように、私はなにも触れませんでした。これで忘れてしまってくれれば、それに越したことはない。胸の中で一人そう願っていましたが、次の夜もう一度、同じことが起こりました。

「クソ、警察はけしからん。ろくなこと起こらん」

二度目の夜は、少しトーンダウンして、警察に電話してやるとは言いませんでした。私も最初ほどは驚かず、きっと朝には忘れているだろう、と思う余裕ができていました。

出かけたらろくなことはない、家で静かにしていたい、と夫は混乱の最中に言ったのでしたが、私が行くところどこにでもついてきたがりました。ダイの散歩は朝夕どちらかを二人で分担していたのですが、「三匹で行こう」と夫は私を誘いました。ごみ捨てにちょっと出るときも、どこに行く？　と尋ねます。美容院にもいっしょに行くと言われたときには困りました。

「どこかで降ろしといてくれたらスケッチして待ってる。帰りに拾ってくれたらええ」

「美容院は混んでたら長い時間がかかるし、そんなわけにいかないわ。それにスケッチできそうなところもそばにはないし」

「長い時間かかってもええ」

まるで駄々っ子のようでした。留守番をしてもらって、留守中にだれかが来たり、電話が掛かってきたりして、またおかしくなられても困る。私はいっしょに行くことにしました。たまますいていたので、美容院の駐車場の車の中で二十分ほど、スケッチブックに手を入れながら待つだけですみました。

転機　二〇〇五年春

二〇〇五年が明け、姉の亡くなった衝撃から夫はようやく立ち直っていました。けれど私の気持ちは晴れませんでした。夫の毎日の言動が私の神経をいらだたせるのです。

そのころ夫は日になんども、ダイにエサをやったかと尋ねました。やりましたと答えて五分もするとまた同じことを尋ねます。それが五度も六度も重なるといい加減こちらは疲れてきます。

「やったと言ったでしょ」

つい、私の返事が刺々《とげとげ》しくなりました。

また、庭掃除をしてやる、と言って夫が庭を触ることも私の神経に応えました。夫は花壇に入って花苗を踏みつけながら、土に混じった米粒ぐらいの石を一つ一つつまみ出したり、落ち葉やときには花苗などを、工作鋏で切り刻んで撒いたりするのでした。

「どうしてそんなことするの」

「石は汚いから、出しとく。それに黒い土が見えてるのは気にくわんから、葉っぱで隠してるのや」

「でもそれは、桜草の苗よ。春になったら花が咲くのに、なんで切り刻むの」

「どれがや？　こんなん別にきれいでもなんでもない。それより黒い土が見えてるのはいかん」

「ああ、また苗を踏んでるわ。踏まないで」

私は泣きたい気分で言います。

「踏んでなんかおらん。おれの美的センスで世話してやってるから、この庭はもってるんやぞ」

夫は花苗と雑草や落ち葉との区別もできなくなっていました。それに、自分のセンスに過剰な自信を持ち、自分の行為を客観的に見ることもできなくなっているのでした。

庭で草花を育てることは京都に住んでいるころからの私の趣味で、三重のこの家に引っ越してきた私自身の目的の一つは、思い切り花づくりをすることでした。それなのに、夫のせいで好きなように没頭することができない。いらいらは募る一方でした。ときに刺々しい言葉を私が吐き、夫も怒ってどなり返す、というけんかがしばしば起こるようになっていたのです。

患者の心に寄り添って優しく接すること、という心がけを忘れたわけではありませんでした。けれどその難しいこと、日々、自分との闘いでした。

そのころ夫が私に言ったことがありました。

「洋子はこの家に引っ越してきたのが不満なのとちがうか」

なぜそんなことを言うのだろうと驚きました。

「不満なことなんかないわ。どうしてそう思うの」

「このごろあんまり笑わんやないか」

言われてみれば夫に笑顔を見せることが少なくなっていました。夫は夫なりに私の機嫌を測り、原因はなにかと考えていたのでしょう。

「そうかしら。でも、この家は気に入ってるわ」

あなたがおかしなことばかり言ったり、したり、するからでしょう、と言えたらさぞ溜飲は下がったことでしょう。でもそれは禁句でした。毎日のように夫をスケッチに連れていき、夫の目を盗むようにして家事や園芸作業をする日々に、心から大笑いする場面はなかったのでした。


この地に越してきて三度目の春が近づいていました。繰り返されるこの地の四季の移ろいは、いままで住んだ京都や大阪とはちがう味わいがありました。

春になると、周囲の里山がはじめはほんのりと、次第にはっきりと、薄桃色に染まっていきます。これもこの地ではじめて経験した、ヤマザクラが咲き進む色の変化なのです。春の季語に山笑うというのがありますが、よく言ったものだと思ったことでした。

梅雨のころには、家の東側と南側に流れている用水路に蛍が舞いました。はぐれ蛍が二、三匹入ってきて、ふうい、ふうい、と光の筋を引きながら飛び、繁みに止まったりまた飛んだりします。ガラス越しに光の明滅を見ながら風呂につかっていた日もありました。

冬の晴れた夜にはきれいな星がたくさん見えます。あまりたくさん見えるので、私の乏しい知識では星座がわからなくなりますが、オリオン座だけは見分けられます。

ダイとの朝の散歩のとき、西の空に白く透けた下弦の月が、まるで忘れ物のように残っているのを見たときには、なんだかいまの自分のようだ、と感傷的な気分になったりもしました。

四季の移ろいは私を慰め喜ばせてくれました。けれどその喜びも自分の胸の中だけに閉じていました。若かったころのように、夫とともに味わい共感できたらどんなによかったでしょうか。「ほら、星がきれいよ」とか、「桜が咲いたわ」とか、「今年の紅葉はもう一つやね」とか夫に話しかけても、「どれが桜やあ?」とか、「いま夏か? 冬か? これからどうなるんや? 寒くなるのか?」などと、思いがけない返事が戻ってきました。そんなことが度重なって、自分一人で季節の移ろいを感じ、黙って心の中におさめておくことが習慣になってしまっていたのです。

さらに当時の私の胸の裡《うち》には、なにかを待っている気分がずっと居座っていました。そしてそのことに疾《やま》しさを感じてもいました。なにかを待つ気分。それがなにかは判然としない。というより、それを突き詰めることをわざと避けている。自分自身にも隠しておきたい、はっきりと言葉にするのはためらわれる気分でした。

人の一生は常になにかを待っているといえます。私も当然、待つことを重ねてきました。結婚してからは、夫の帰りを待ち、夫の仕事の成功を待ち、子どもの誕生を待ち、二人の子どもの成長を待ちました。子どもたちの受験の成功、就職、結婚を待ち、そして孫の誕生を待ちました。かたわら、自分自身の仕事や楽しみごとに関して、期待が満たされるのを待つ来し方でした。

それまで待ってきたのは、よきこと、好ましきことでした。だから待つことに疾しさは感じませんでした。けれど、当時、私の胸に巣くっていたのは解放を待つ気分でした。はっきり言ってしまえば、夫がアルツハイマー型認知症におかされている現状から自分が解放されることを待っていたのです。

胸の中に潜んでいる、解放を待つ気分から目をそむけていたい。けれど、ときおり痛切にその気分が頭をもたげるのをどうしようもありませんでした。

やっと寒波が去り、柔らかな日差しが庭の隅にまで伸びてきたある日、数日吹き荒れた風で鉢の表面の鹿沼土《かぬまつち》が白くからからに乾いているので、私は一鉢一鉢に水を遣《や》っていました。蘇鉄《そてつ》の大きな鉢に水を遣りながら、ふと見ると、その鉢と塀との隙間に、素焼きの七号鉢が一つ転がっていました。拾い上げて見ると、黒っぽい粘土質の土が乾いて固まり、中央に太い根茎のようなものが露出しています。

それはすぐ横に据えている大きな水瓶《みずがめ》の中に、鉢ごと沈めて育てていた睡蓮《すいれん》の株でした。前の家から持ってきたもので、年々大きくなり、夏には六、七個も花を楽しめました。長らく雨が降らないので水瓶の水位が下がって睡蓮鉢の上部が見えていたのですが、そのうち水を足そうと思いながら放置していたのでした。きっと汚らしいものが入っているとでも思って、夫が放り出したのでしょう。

夫が家から出てきました。

「あなた、この鉢ここに捨てた？」

「知らん」

「水瓶の中の睡蓮なんやけど、ここに転がってたの」

「知らん。おれは触ってない」

「でも、勝手に外に飛び出すわけないし。春になったらまた芽が出るのよ。もうだめになったかもしれない」

その途端、夫が大きな声を出しました。

「もう、おもしろくない」

体を前屈みに傾け、庭履きで蛇見石《じゃみいし》を蹴散らしながら、勝手口から家に入っていきました。しまった、言いすぎた。夫を追って勝手口の扉を開けると、出てこようとする夫と鉢合わせになりました。眉間にしわを寄せた夫が私の肩を摑《つか》んで揺さぶりながら言いました。

「もう、嫌や。おもしろくない。もう死んでしまいたい。包丁ないか」

私の心臓が大きくどきんと鼓動を打ちました。私の肩から手を放し、夫は体を左に大きく傾けた格好で台所に足早に入っていき、食器棚の扉や引き出しを音高く開けては探しはじめました。

「そんなこと言わないで。死ぬなんて、やめて」

夫の腕をとって、探すのをやめさせようとしました。

「もう、腹が立つ。おれが庭をきれいにしてやってるのに、いつも文句を言う」

「ごめんなさい。ごめんなさい」

夫は床にしゃがみ込み頭を抱えて、細い声でなにか言っています。私も床にしゃがんで聞き取ろうとしました。

「おれは洋子におんぶにだっこやろう。もう前から自分が嫌になってるんや。生きてる喜びがない」

生きてる喜びがない……言葉の重さが私に沁みてきました。

「おれはもう、つまらん男になってしまった。洋子を幸せにしてあげられん。もう生きていてもしかたがない」

私の喉元に自分を恥じる気持ちが吹き上がりました。

「そんなこと言わないで。私は徹さんと結婚して幸せになれたわ。それはいままでもなんども言ってるでしょう」

自分の言葉がいかにも無力に思えて、涙を流しながら夫の背中を撫で続けました。

しばらくすると夫ががばっと体を起こし、鋭い光を湛えた眼で私を睨みつけます。

「おれのすることがそんなに気に入らないか。もう、おもしろくない。もう嫌になった。死にたくなった。包丁貸せ」

立ち上がって探そうとする夫に私はすがりつきました。

「ごめんなさい。死ぬなんて言わないで」

私の体を振り切るようにもがいて、なおも包丁を探そうとします。

「あなたの気持ち、私、わかってなかった。ごめんなさい。ほんとにごめんなさい」

言葉に窮しながら必死にとりなす私の気持ちが通じたのか、夫の表情が緩み強張《こわば》っていた体の力が抜けました。そして頬に涙を流しながら、私の両肩に掌《てのひら》を置きました。

「洋子を幸せにしてやりたいのに。自分が嫌になった」

私の眼からも新たな涙が吹きこぼれました。

「私は幸せよ。徹さんといっしょになって、私は幸せにしてもらったわ。ありがとう」

抱き合うかたちになりました。こんなふうに体を寄せ合うのは何年ぶりかのことで、忘れていた感触でした。結婚以来徐々に肉が付いた夫の体は、いつのまにかまた細く薄くなっていました。その体がわなないています。

しばらくそうしているうち、夫の顔つきがふいに変わりました。

「なんでおればっかり非難する。早く大学を辞めたと言って非難したやろう。庭を触ったと言っていつも怒るやろう。病院に行こう行こう、ばっかり言うやろう。病院に行こうと言わんといてくれ」

私を非難する気持ちと自分に絶望する気持ちが、夫の裡でもつれ合っているようでした。そして、非難と絶望の言葉が幾度も繰り返し交互に夫の口から吐かれました。

しばらくして私を突き放した夫はリビングに行き、ソファーにうつ伏せに倒れこみました。追っていき、夫の背中を撫でながら私はごめんなさいと言い続けました。夫はなにも言わなくなり、じっとうつ伏せのまま固まっていました。

その夜、夫が寝息をたてている横で私はいつまでも眠れずにいました。「死んでしまいたい」「洋子を幸せにしてあげられん」「生きてる喜びがない」と言った夫の顔が浮かんできます。

怒りっぽくなって私を非難したりするけれど、その奥に、プロポーズしてくれたときのままの気持ちを夫は残してくれていたのでした。それにくらべて私は、夫が自分の状態を自覚して哀しい思いを懐いていたことにも気づかず、夫を幸せにしてあげたいとも思わないで、現状から解放されることを待っていたのです。自分を恥じる気持ちが膨れ上がり、私は声を殺して哭《な》きました。

私は非嫡出子《ひちゃくしゅっし》として生を受けました。忘れたころに現れる父に、抱かれたり甘えたりした記憶は皆無です。父は生活費をわずかしか渡さなかったため、母は和裁で生計を立てようとしました。けれども電気やガスの集金に居留守をつかったり、給食費を期限までに払えないときがあるほどの貧しさでした。物心つくにつれ、両親のありようが世間一般とはちがっていることがわかり、それが私の意識の大部分を占め、陰湿なくびきとなって私を縛りました。

生活費を出し渋った父でしたが、学費の安い官立（国公立）の大学で、手に職がつけられる理数系学部なら、という条件付きで大学進学を許してくれました。四当五落を地で行く受験勉強をして、なんとか京都大学薬学部に入りましたが、理数系の講義になんの興味もわきませんでした。

卒業前の半年間は卒業研究のために学生は各講座に分属します。私は無機薬化学講座に入りました。その講座に、大阪大学理学部の博士課程を中途退学した夫が、助手として七月に採用されてきていました。まだ大学院生のいない新しい講座で、私も含めて分属した五人の学生と助手の夫が、エックス線装置の据えられた大部屋で毎日を過ごしました。

そのときの私は、夫に関して、研究熱心だけれど、くだけたところもある温和な人という印象を持ちました。男子学生たちと定食屋に遅い昼食をとりに行って、そのまま店のテレビで東京オリンピックを長々と観てしまったと笑っていたり、空き時間に将棋を指していたり、という姿をいまも覚えています。

私は卒業研究に身を入れることもなく、文学部に学士入学したいと夢想していました。父が学費を出してくれるはずもなく、自力で決行する気力もなく、けれど諦め切れず、鬱々とした気分で日を流し、そして卒業間際に観念して医学部の法医学教室に就職しました。

法医学教室で私に課せられた仕事は、アルコール類を飲んだあとの体内でのアルコール濃度の経時変化を調べることでした。血液、尿、唾液、呼気の中のアルコール濃度を分析して、飲用後いつまでアルコールの影響が残るかを見極めることは、法医学的に意義があります。けれど私は教授の指示どおりに機械的に実験を繰り返すだけの、まったくやる気のない働きぶりでした。

週に一度、教授が学生に講義をするとき、スライドを操作する仕事を命じられました。縊《い》死《し》、溺《でき》死《し》、中毒死などの死体や臓器のカラー写真を目にしないわけにいかず、はじめて見た日から私は肉類が喉を通らなくなってしまいました。また、勉強のために司法解剖に立ち会うように、と繰り返し誘われることも耐えがたいことでした。たった一年で私は法医学教室を逃げ出したのでした。

そんな私の噂を夫も耳にしていたようで、京大病院の薬剤部に配置転換してもらってすぐのころ、結婚を前提につきあいたいと夫が言いました。二、三週間おきの日曜日に会って、京都や奈良の社寺を訪れたり美術館に行ったりするのが夫のスタイルでした。

広々とした空間の中で時間を忘却した精神生活を求めたい。独創的であれ。人と同じことばかりしたがってはならない。じっと物事の本質を見よ。重みのある生活を築きたい。とつとつと自分の生活信条を話したあと、きざなことを言ったと照れて、夫はわざと大阪弁を使って、僕のこの細腕に頼ってみなはれ、とプロポーズしました。そのころの夫は、細腕は比喩としても全身瘦《や》せ細っていました。頰がこけて顎《あご》がとがり、青黒い顔に眼鏡がずり落ちて、身にまとった背広の内側をすうすうと風が吹き抜けるような細い体軀でした。

一年の交際のあと、夫が二十八歳、私が二十五歳の五月に結婚しました。

幼女や少女のころ常に心細さに苛《さいな》まれていた私でしたが、夫と結婚したとき、男性がいる家庭の安心感に新鮮な驚きを持ちました。陽光がグラスにあたって反射している。光の粒が舞っている。グラスの中に詰められた氷塊が思い出したように小さな音を立てては身じろぎして融《と》けていく。夫の心に包まれた私は、グラスの中の氷塊が融けていく光景にも似た日々を重ねてきたのでした。

そんな幸せを夫からもらったのに、安穏な暮らしができないことに不満を募らせてばかりいて、夫を幸せにしてあげようとは思っていなかったのです。

もうすっかり人が変わったと私には見えていたけれど、夫にはプロポーズしてくれたころと同じ優しさ、思い遣りがしっかりと残されていたのでした。

自分を愧《は》じて私はまた新たな涙を流しました。

このことが転機になりました。もう二度と夫に死にたいなどと言わせてはならないと覚悟を新たにして、夫の言動をさりげなく受け止め、笑顔で接するように自分を変えました。すると夫も笑顔を返してくれるようになりました。冗談や駄洒落《だじゃれ》を頻発して私を笑わせようともしてくれました。風景スケッチのためにドライブすることはもちろん、夫が好きな音楽をいっしょに聴いたり、おいしいものを食べたりして、楽しめる時間をできるだけ多くつくるように心がけました。

夫の優しさのおかげで、ぎくしゃくしないで暮らせる日々がようやく訪れたわけでしたが、それまでの三年は暗黒の三年と言えました。夫自身は不安感と絶望に苦しんだ日々、私は不信感と閉塞感に苦しんだ日々だったのです。

のちに他の介護家族の方々と交流するようになって知ったことですが、どの家庭でも初期に非常に苦しい経験をします。精神的に苦しい日々を避けては通れないようです。早期受診、早期診断がうまくいけば、またちがった様相を呈すでしょう。けれど認知症の人本人が受診を受け入れないケースがほとんどなので、本人も家族も苦しみます。

診断　二〇〇六年五月

二〇〇五年十一月初旬に、私は一人で、三重大学医学部附属病院の神経内科に相談に行きました。

なんとか穏やかに暮らせるようになってはいましたが、このまま放置しておいてよいはずがないと思ったのです。本当にアルツハイマー型認知症なのか、今後どうなっていくのか、どうすればよいのか、なにかプラスになる医療はないのか、雲を摑むような漠然とした焦燥を相談してみたかったのでした。夫には買い物に行くと言い繕《つくろ》って出かけました。

初診を担当した若い医師に、本人が受診を拒否するので連れてこられなかった、と言い訳しました。が、本人が受診したがらないのはよくあるケースで、家族だけが相談に来るのも普通のことだと言われて、気後れから解放されました。

夫の職業、生育歴、家族関係、いつからどんな言動が始まったか、などの質問に沿って、こまごまと夫の日常のようすを話しました。

「話を聞くかぎりでは、まちがいなくアルツハイマー型認知症かそれに類似の認知症でしょう。かなり進んでいると思われます。六十歳ぐらいの若年で発症すると進行が早いです。

残念ながら治療法のない病気です。薬は、ないことはないのですが、あまり期待できません。

効く人と効かない人があり、効くといっても、数ヵ月間、進行を抑えるという程度です」

やはりそうだったのでした。不思議な安堵感が心の隅をよぎりました。アルツハイマー型認知症かどうか宙吊り状態だったのが、これではっきりしたのでした。おかしな言動は加齢による性格の変化ではなく病気のせいだったのです。わけがわからない、疑心暗鬼の状態がいちばんこたえますが、これではっきりしたと思えたための安堵感だったのでしょう。

けれど、この不思議な安堵感はまたたくまに消えて、おぼつかなく頼りない暗澹とした気分が心中を占めはじめました。

この先、夫と私はどのようにすればいいのか、病院にはなにを頼れるのか、すべてが漠としたまま、胸の裡の一端を質問のかたちにしてみました。

「二人暮らしですから、今後、私になにかあったとき、介護施設にお願いする必要があるかもしれません。診断書を書いてもらえますか」

「奥さんのいまの話から、アルツハイマー病かその類似の病気による認知症と思いますが、他の可能性がないか脳のMRIを撮る必要があります。けれども病院には来ないと言うでしょうね。来ても、若い医師だと反発するとかがあるかもしれません。一応、MRI撮影の予約を入れておきます。どうしても来られないときは、朝、電話で断ってもらってもいいです。その場合でも診断書は書きましょう」

ドタキャンもよくあることらしい。診断書は書いてもらえる。柔軟に対処してもらえそうなことがわかって、その点はほっとしました。

ＭＲＩ撮影は混んでいるようで、二ヵ月先の予約しかとれませんでした。

その日、夫は四時間あまり留守番していました。心配しながら帰ったのでしたが、何事も起こっていませんでした。よい天気だったのがよかったのかもしれません。雨だと沈み込んだり、不穏になったりすることがありました。

「遅くなってごめんね。急いでお昼の用意をするから、もう少し待ってね」

台所でばたばたと昼食の準備をしているそばに夫が来て言いました。

「昼めし食ったか？　どうなるんや？　いまから食うのか？　いま何時や？　あんまり腹減ってないぞ」

夫は空腹を感じなくなっているようで、あんまり腹減ってない、というのがそのころからの口癖でした。はじめは真に受けて量を減らしてみましたが、おかわりを勧めると食べました。なんどもそんなことを経験したので、聞き流して普通の量のご飯を並べることにしていました。

この日も並べたものをぜんぶ食べてしまいました。

認知症の人が食事のすぐあとにでも、まだ食べさせてもらっていないと言ったり、食べても食べても冷蔵庫を漁《あさ》っては口に入れる、などという逆のケースがあります。夫のように食べることに無関心なほうが、過食にならないし、私の負担も軽い。夫の言葉を聞き流して栄養のよいものを適量供するにかぎる、と思い定めていたのです。

ＭＲＩ撮影は、心配していたのが的中して、結局はキャンセルすることになりました。人間ドックに入って診てもらいましょうかと勧めてみたのですが、いまさらそんな必要はない、の一点張りでした。それ以上強く勧めると激怒されそうなので諦めたのでした。

夫の兄にはそれまでもいろいろ相談していましたので、ＭＲＩ撮影をキャンセルしたこともメールで報告しました。

兄上さま

ひところの大寒波で震え上がっておりましたのが、このところ穏やかな日々でほっとしております。

その後お元気にお過ごしでいらっしゃいますでしょうか。

いつも私どものことをお気にかけてくださり、ほんとうにありがたいことと感謝しております。

さて、徹さんが三重大病院で脳のＭＲＩ撮影をしてもらう件は、とうとうできませんでした。人間ドックに入って検査を受けましょうかと言ったのですが、必要ない、いまさらドックに入る気はないと言われるのです。いままでの経験で、それを無理に勧めたりすれば、どなり声をあげて激怒されますから、できませんでした。

アルツハイマー型認知症かもしれないから、とは徹さんに話しておりません。どうしても言えないのです。若いころ、どちらかが癌にかかったら隠さず言い合いましょうと約束していました。自分のことは自分で知りたいし、残りの人生をどう生きるか自分で決めたい、と二人とも思っていたのです。でも、認知症のことはそのころ頭の隅にもありませんでした。

治療法があって努力すれば治るというのなら、告知して積極的に治療を受けるでしょうが、悲しいことにアルツハイマーの治療法はないとのことです。それを告げれば絶望感や屈辱感だけを与えることになるのではないかと思って、どうしても言えません。

徹さんは物理学を勉強されましたから、折に触れ、自分の自然観、人間観を話してくださっていました。

「大自然の摂理の前で、人間は非常に小さな存在である。大自然を人間が支配したり屈服させたりしようと思う考え方はまちがっている。自然に立脚した生き方をしなければならない。年をとれば年をとったように生きればよい。病気も治らないものは受け入れなければならない。無理に臓器移植をしたり、延命処置をするなどは、自分はいらない」

こんなふうによく言っておられました。

今の自分の状態も、もの忘れが非常に激しいことは自覚しておられます。しかし、それがアルツハイマーという病気のなせることとは思っておられません。単なる老化現象と思っておられます。自分は他人より早く老化したと、はっきり言われます。

ＭＲＩ検査には行きませんでしたが、徹さんの若いころからの人生観を尊重して、それに沿った老後の生き方ができるよう、私も一生懸命支えていこうと思っております。介護保険でなにかのサポートを受けるのはまだ先のことで、音楽を聴いたり、スケッチに出かけたりして暮らしていこうと思っています。

この冬は寒さが厳しいですので、お風邪などひかれませんように、お大事になさってくださいませ。

洋子

義兄からの返信が来ました。

洋子様

メール拝見しました。近況を知らせてくれてありがとう。たいへん、ご苦労なことと気の毒に思っています。

今年は雪も多く寒いので、外にもあまり出られなく、気が晴れないでいけませんね。

徹も立派に仕事をすましたのは何よりでしたが、安らかな老後を少しでも長く過ごさせてやりたいものと念じています。二人の静かで平安な毎日を祈っています。

私も八十歳を越すとさすがに衰えを感じます。昨日も家内と二人で気功体操に行き、行きがけに葉書をポストに入れたのですが、すぐに忘れて、「入れるのを忘れた」と言って家内に笑われました。

老化現象もしかたないと思いますが、徹のは少しちがうようで、気になることですね。ある意味では変な病気になるよりはましですから、つとめて気にしないようにして暮らしてください。

また春になったら、皆で花見に行きましょう。


義兄は、八十歳まで広島で一人暮らしをしていた義母を、大阪の自分の家に引き取りました。義母は八十五歳ぐらいまでは元気で、わが家にもときどきやってきて、一ヵ月ほど滞在しました。そんなころ、「徹ちゃん、あんた、まだお嫁さんおらんの？　それはいよいよ、いけんねえ。優しいお嫁さん、もらいなさいよ」と言って、私たちを唖然《あぜん》とさせました。

八十八歳の米寿を親族が集まって祝ったころからは、私たちに「どちらさんですか」と言うほどになり、最後の二年間は寝たきりで、九十一歳で亡くなりました。一九九三年のこと、介護保険制度もないときでした。

いまから思い返すと、義母はアルツハイマー型認知症だったかもしれません。けれど義兄夫婦は、年をとって少しボケてきた、しかたない、とゆったり構え、家政婦さんに週に二、三回来てもらって、最後まで自宅で世話をしました。

年をとって少しボケてきたがつとめて気にしないようにして暮らすという義兄夫婦の介護は、理想的な介護だと思います。在宅でそのような看取りができれば、本人は幸せだし、家族も思い残すことがなく幸せです。

けれどすべての家庭で可能なことではありません。とくに若年性認知症の場合は大きな困難がともないます。仕事を続けられなくなって経済的に困窮したり、子どもたちの心理状態に影響したりします。本人に体力があるので介護する家族が疲労困憊《ひろうこんぱい》して体調を崩すケースも出てきます。

認知症の介護はそれぞれの事情が大きく異なりますから、自分の家ではなにが可能かを見極めて、最善を尽くすこと以外にないと思います。

二〇〇六年のゴールデンウィーク直前のことでした。

朝食のトーストを一口食べた夫が、喉に詰まった、飲み込めない、と言って吐き出しました。前夜からなにか喉が気になっているようでした。

「病院に行って、診てもらおうね」

「行かん。行って、なんとかなるか」

「詰まってるかどうか、診てもらいましょう」

「行かん」

「でも、そんなこと言って、なにも食べないわけにいかないでしょ」

「食べんでも死なん」

夫は若いころから病院嫌い、医者嫌いで、よほどつらい状態にならなければ診察を受けようとはしませんでした。諦めてようすを見ることにしました。

「じゃあ、この甘いプリンを食べてちょうだい。それからミルクも甘くしてあげるから飲んでみて」

以前に糖尿病予備軍と言われてカロリー制限をしたとき以来、砂糖は避けて、カロリーが砂糖の十分の一に抑えられた、アミノ酸由来の甘味料を使っていました。それなら安心して夫が満足する甘さにできます。

「ほんまに甘いか」

「甘ぁぁぁい！　でしょ」

冗談ぽく応じました。夫はプリンを食べミルクを飲んで朝食を終えてしまいました。

午前中、私は掛かりつけの内科クリニックに行く予定にしていました。二年前の住民健康診断で高血圧だと言われて以来、毎月一度、降圧剤を処方してもらっていたのです。

「私、いまからクリニックに行くけど、あなたも行きますか」

私は誘ってみました。

「おれは行かん、なんで行くのや」

「高血圧の薬をもらいにいくの」

夫のことも相談してみようと思いながら庭で車を出そうとしていると、あたふたと夫が家から出てきました。

「おれも行こうかな。喉になにか詰まってるから」

私は心中、快哉《かいさい》を叫んでいました。

「そう。じゃあ、着替えてちょうだい」

「これでええやないか。あかんか」

「出かけるときのズボンにして、ポケットに財布を入れておかないと気になるでしょ」

夫はどこに出かけるときも、財布をズボンの後ろポケットに入れていました。その財布の中には、在職中の名刺にいまの住所や電話番号を書いて入れています。他に、子どもたちの住所と電話番号、勤務先の電話番号を書いた紙片も入れています。

三重県に来てすぐのころから、その財布をお守りのようにして後ろポケットに入れて出かけることを習慣にしていました。

「財布どこにやったかなあ」

家に駆け込んだ夫が大きな声で言っています。私も戻って、いつもの置き場所にある財布を渡しました。そして、着替える服を順番に一枚ずつ手渡しました。夫は渡されたものを自分で着ることはできました。

先に玄関に行った夫がまた大きな声を出しました。

「この靴、履き心地悪いぞ」

「それは私の靴よ。こちらを履いて」

物の識別があやしくなっているので、私の上着を着たり、私の靴を履いたりします。

ようやく車に乗り込んで発進しようとすると、夫が言いました。

「スケッチブック持ってきてない」

「スケッチに行くのじゃないでしょ。クリニックでしょ」

「あれがないといかん。取ってくる」

あわてたようすで車から降り、玄関の鍵を開けようと、あたふたしています。

夫の財布には玄関の鍵も入れていますが、上下二ヵ所に錠前を付けているので、二つの鍵がどちらのものかわからず、夫は一人では戸を開けられません。私はまた戻って戸を開けました。

夫はスケッチに持っていくいつもの手提げカバンを抱えて車に乗りました。

「おれのカバン、これかな。スケッチブック入ってるか？　色鉛筆は？　いすがないぞ。あ、これか。スケッチブックはどれや？　えっと、これやな。描くとこあるか？　えっと、えっと、鉛筆がないぞ」

執拗にカバンの中身を確かめます。それが終わるまで発進できません。

夫と出かけるときには、儀式のようなこんな作業を、夫の気がすむまで続けなければなりませんでした。まるで幼児を三人も四人も連れて出かけるときのようなたいへんさになっていました。

早くして、とか、もう確かめたでしょう、とかは禁句です。

夫が珍しく医者にかかると言ったこのチャンスをふいにしたくない。千載一遇のこのチャンスを逃がしてなるものか。心の中でおおげさな言葉を繰り返して、辛抱強く待ちました。

クリニックでは、夫は初診なので一般的な血液の検査をするとのことで、採血の部屋に入っていきました。そのあいだを利用して、夫の脳のＭＲＩ撮影をしたいので紹介状を書いてください、と先生に頼みました。三重中央医療センター（二〇〇四年四月国立三重中央病院より改称）ならすぐに脳のＭＲＩ撮影ができるとのことで、一週間後の撮影予約が取れ、その画像を持って、昨秋、私一人で相談に行った三重大附属病院の神経内科で診断を受ける手筈を整えてもらえました。

「あんまりゲーゲー吐こうとしたから、喉の粘膜が傷ついているのでしょう。なにも詰まっていませんからね、軟らかい喉越しのよいものを食べて、ようすを見てくださいね」

先生の説明をにこやかな顔で夫は聞いていました。

帰宅して昼時になりましたが、喉に詰まるのがこわいから食べない、と頑《かたく》なに言いました。しかたなく、またデザートのようなものばかりを並べました。

それ以後も、魚や肉やご飯や野菜を勧めてもいっさい受け付けません。私は自分自身のこだわりを捨てることにしました。当分のあいだ、三食どれもデザート感覚で、蛋白《たんぱく》源と澱粉《でんぷん》質とビタミン類とを確保することにしよう。なにも食べないよりはましだろう。そう決めました。

ホットケーキやフレンチトーストを主食にし、プリンやヨーグルト、卵豆腐、甘い田楽味噌をつけた豆腐などで蛋白質をとり、野菜は市販の野菜ジュースで間に合わせることにしました。

判で押したように食べ物も変化のない繰り返しになっていきました。今後ずっとこんな食事になるのかと私は気が滅入りましたが、夫自身は甘く軟らかい物ばかりが食卓に出てくるので上機嫌でした。食べ物はなにを見ても、それがなんだか、どういう範疇《はんちゅう》の食べ物だか、わからなくなっているので、異常さも気にならないようでした。


一週間後、脳のMRIを撮るために、三重中央医療センターに行く日が来ました。

「喉に詰まる感じがしてクリニックに行ったでしょう。今日はその精密検査に行きます」

「もうそんなたいしたことないぞ。行く必要ない」

「軟らかい物ばっかり食べてるから、詰まる感じがなくなったんでしょ。でもクリニックの先生に紹介状を書いてもらってるから、行かないと」

「ふうん、行かんでもいいけどなあ」

「でも、紹介状まで書いてもらってるから」

どうしても行ってもらいたい私はどんどん準備しました。夫の着替えを出し、一枚ずつ手渡しました。紹介状が効いたようで、夫はぐずぐずしてはいましたが着替えました。終わると、こちらから先手を打って、財布とスケッチブックの入ったカバンを持つように促しました。

ようやく例の儀式が終わり、車を発進させました。

病院の中では夫は笑顔で指示に応じ、無事に撮影が終わりました。家の中で私に対していろいろと抵抗を見せるのに、外では愛想よく物わかりよく振る舞いました。私は一人溜め息をつきました。

三日後に画像を持って、三重大の神経内科にまた私一人で出かけていきました。

前年の秋の初診のときと同じ医師が画像を見ながら説明されました。

「梗塞はありません。腫瘍もありません。水頭症の疑いもありません。他の可能性はないので、アルツハイマー病と言えます。左の側頭葉《そくとうよう》がとくにひどく萎縮しています」

これで診断が決定的になりました。

「夫に告知するのは残酷な気がして、今日もいっしょに来ませんでした。私はどうしても話せないのですが、やはり告知したほうがいいとお考えですか」

「本人に病識がないのがこの病気の特徴なのですから、言ってもしかたないし、言う必要もありません」

ずいぶん割り切った言い方でした。黙っていることは夫の人格を無視することになるかもしれない、自分のことを知って今後の生き方を自身で判断したい、と夫は思うかもしれない。その迷いを私は吹っ切れていなかったのですが。

薬について改めて尋ねてみました。

「いまある薬は治す薬ではなく、進行を遅らせる効果があるというものです。それも、服用していない人とくらべたら効果があるかもしれないという、気休め程度のもので、しかも数ヵ月しか効果は持続しません」

「喉に詰まるといって、軟らかい物しか食べなくなっていますし、昔から薬を飲むのが大嫌いな人でしたし、飲んでくれるかどうか」

「いまできることはそれしかないので、できることはすべてやったと家族が自分を納得させるために薬を使う例が多いですね」

「副作用はないのですか」

「あります。食欲減退が起こったり、興奮したりすることがあります」

すぐには決めかねた私は、少し考えますと返事しました。薬を飲むにしても、掛かりつけのクリニックの先生に処方箋を出してもらえるか、尋ねてみました。

「大丈夫です。紹介状に返事を書きますから、そのときに指示しておきます。要介護認定申請のための主治医も、そのクリニックの先生でいいですよ。けれど、ご主人の状態が大きく変わったり、なにかあったときにはこちらに来てください」

このような当面の指示を受けて帰宅しました。

薬について、いろいろ情報を探しました。本をまた何冊か読みましたが、やはり三重大の医師の話と同じく、効果は限定的なようでした。

私の友人の一人から、義母がアリセプトを使ったことがあるという話を聞いていました。電話で改めて詳しく尋ねてみると、一週間ほど服用したところで興奮が始まって、とてもたいへんだったので、それきり飲まずにいるとの返事でした。また、もう一人の友人から、実母が服用したが、副作用も出なかった代わりに、効果のほども感じられなかった、という話を聞きました。

薬を夫に飲むように勧めれば、トラブルになるのは目に見えています。効果のあまり期待できない薬で一触即発の険悪な状況をつくりだすのは考えもの、私は服薬を見送ることにしました。それ以外に私のいまできることといえば、一にも二にも、二人で穏やかに笑顔で暮らす工夫をすること。おかしな言動にも笑顔で対応し、毎日でも運転手になって、夫をスケッチや外食や買い物に連れ出し、刺激のある楽しい時間を用意すること。そう自分に言い聞かせました。

介護サービスを受けるのはまだ先のこととしても、手続きだけは整えておくほうがいいだろう。この際、要介護認定の申請までを一気呵成《いっきかせい》にやってしまおう。そう考えて、津市社会福祉協議会の窓口に行きました。

どういう流れで認定がもらえるのか尋ねました。

流れの第一段階は、津市から認定調査員が自宅に来て、本人に面接することだと教えられました。

夫に告知していないことを知らない調査員が不用意な発言をすれば、夫は不快感や不信感を抱いて拒否するかもしれない。それがまず私の頭に浮かびました。そこで、前もって私一人で調査員と面談させてほしいと頼みました。快く応じてもらえて、調査員が午後二時に自宅に来る予定になった日の午前中に、私一人で保健センターに出向き、その調査員と面談させてもらうことにしました。

四十代はじめぐらいの女性調査員のKさんは、こちらの緊張をほぐすような優しい笑顔で、家族構成や病気の進行状況や暮らしのようすなどを質問されました。

質問に沿ってこれまでのことを洗いざらい話しました。Kさんの人柄によるのか、聞き上手なのか、心がほぐれていく心地よさを感じながら話しました。

「よく一人でいままでがんばってきましたねえ」

Kさんのその言葉を聞いた途端、私の目から涙が溢れ出ました。嗚咽《おえつ》を堪《こら》えながら、ひとしきり涙を流しました。他人の前ではじめて流した涙でした。職業上のものだけとは思えないKさんの親身な態度が涙を誘ったのでしょう。

「できれば私も少し息抜きがしたいと思うのですが、自分の息抜きのためにデイサービスを受けてもらうというのはまちがってますか」

私は尋ねてみました。

「いいえ、介護者の負担軽減も介護サービスの一つの柱になっていますよ。介護者が倒れてしまってはたいへんですからね」

介護サービスを受けることに後ろめたさを抱いていましたが、Kさんの言葉で心が軽くなりました。

最後に、夫に告知していないことを含んでおいてください、と念押しして帰宅しました。

約束の午後二時にチャイムが鳴りました。市の保健センターの方がみえた、と夫に言って、リビングに入ってもらいました。

「はじめまして。今日は、住民の方みなさんのところに、お変わりありませんか、と言って回らせてもらっています」

「それはご苦労さんです。たいへんですな」

夫は笑顔で応対しました。

Kさんは、みなさんに質問していますからと前置きして、調査書の項目に従ってつぎつぎ質問していきました。

「いまおいくつですか」

「えっと、何歳やったかな。ろくろくわかっとらん、言うて憶えてたから六十六歳です」

「ええっ、おもしろいですね。ろくろくわかっとらんって」

Kさんがふき出して笑われました。

「あなた、それは去年でしょ」

私は横から口を出しました。

「そうか？　六十六歳が去年やったら、いまなんや、六十七歳か？　ああ、そうや、ろくなことない、って言うてたんやった」

「ろくなことない、ねえ。駄洒落が上手ですね」

Kさんがまた大笑いされました。夫もいっしょになって笑っています。私は気持ちが楽になりました。

スケッチブックを見せてくださいと言うKさんに、夫は二十数冊も溜まっているのを見せました。

「お地蔵さんが多いですね。すばらしいわ。裏の日付や場所もご主人が書かれるのですか」

「これは、おれは書かん。奥さん」

私を指さしました。字を書けなくなっていることは、午前中の私との面談でKさんはわかっています。

「分業でいいですね」

飼い犬のダイや孫に関する夫の話にもKさんはゆっくりつきあってくださって、和やかな雰囲気のうちに本人面談が終わりました。認定結果は後日ということでした。

夫の食事の状態は、五月の終わりごろ平常に戻りました。だんだん喉のことに触れなくなっていましたが、ある日の夕食のとき、歯茎《はぐき》が変だと言いました。

「喉が変で、歯茎が変で、困ったねえ」

私は軽く受け流すつもりで、そう言ってみました。

「喉って、なんやった?」

「まあ、喉が詰まるって言ってたでしょ」

「ふうん、そうやったかな。そんな過去のこと憶えてるか」

翌朝、私はトーストを出してみました。すると固い耳も黙って食べました。昼にはご飯と大根の味噌汁も食べました。夜には牛肉入りのカレーライスをおいしそうに食べました。

治っていたのです。そして、喉が詰まると言っていたことすべてを忘れてしまったのでした。

私はなにも言わず、一人心の中で万歳を叫んでいました。


六月中旬に認定結果が郵送されてきました。要介護度3、中等度の介護度だということでした(半年後の認定更新の際に、要介護度2に変更されました)。

すぐに介護サービスを受けるつもりはなかったので、書類をそのまま引き出しにしまいました。

一ヵ月半ほどのあいだ気を揉みましたが、MRI撮影もでき、診断も下り、要介護認定も受けられました。大仕事が終わったように私はやれやれと胸を撫で下ろしました。自覚している以上に神経を磨《す》り減らしていたようで、十円玉ぐらいの円形脱毛が起きていますよ、と美容院で言われました。

安息　二〇〇七年

その年の秋、十五歳の飼い犬ダイとの別れが来てしまいました。

遺骨を庭の花壇の中に埋葬し、手頃な平たい石の表面に夫がダイの絵をマジックペンで描いて墓石にしました。絵のまわりに夫の指示どおり、「ダイここに眠る　十五歳」と私が書きました。墓石のまわりにはパンジーや葉牡丹《はぼたん》の苗を植えました。

二人で相談しながらダイの埋葬をしているあいだ、夫が認知症を患う前には、なんでも二人で相談して実行していたことが頭に浮かびました。久しぶりに以前のように協同で作業し、心の通いあうのを味わって、それがどんなに快いものだったか哀しく思い出していました。

埋葬した日の夕方のことでした。庭から入ってきた夫が不審そうに私に尋ねます。

「ダイはどうしたのかな」

「死んだでしょう」

「ああ、死んだのか、死んだんやなあ」

残念そうに顔をしかめます。

「お墓に埋めたでしょう」

「お墓て、どこやった?」

「庭の花壇の中」

「そうやったか。ちょっと見てこよう」

出ていきましたが、墓石をみつけられないでうろうろしています。

「ほら、ここでしょ」

「これか？　ダイと書いてないぞ」

「書いてあるでしょ。ほら、これ」

「ふうん、これか。ダイは何歳で死んだんやった？」

「十五歳よ」

「書いてない」

「書いてあるわ。ほら」

指で示すと、これがそうかと納得しますが、それも一分ともちません。ダイはどうしたのか。墓はどれか。何歳で死んだのか。なんどとなく同じ質問をします。その日だけでなく翌日からも、日になんども庭に出て同じ会話を繰り返さねばなりませんでした。

そのうち、夫があらぬことを言いはじめました。

「だれかがうちの前に車を停めるやろ。車が見えるのが嫌やから、停めささんとこうと思って、おれがあの電柱にダイをつないだんや。それでダイが頭かなんかを車で打って、死んだんや。おれがダイを利用したのが悪かったんかな。つないだりせんかったらよかったな」

台所の窓から見える空き地にときおり車が停まります。農家の軽トラックだったり、工事にきた車だったりするのですが、去っていくまで夫は気になってしかたないようすで、窓から見張るのが常でした。

「あなたのせいじゃないわ。あんなところにダイをつないだこともないよ」

「いやあ、つないだ。人が車停めるやろ。停めささんとこうと思ったんや。それで、ダイが頭打って死んだんや」

顔を歪《ゆが》めて泣き出さんばかりに同じことを言いつのります。説明が通じない事態がまた始まってしまったのでした。私はそこそこに生返事をして夫のそばを離れました。すぐにあとから追ってきて、同じことを言いつのりました。

「せっかく自然の中に来てるのに、なんで車なんか見て暮らさなあかんのや。車停めささんとこうと思ってダイをあそこにつないだんや。それでダイが頭をボンと打って死んだんや」

ありもしないことを言って混乱するのと並行して、私がどこに行くときも、いっしょに行く、と言うようになりました。義姉が亡くなったあとと同じでした。

「おれは洋子が一人で車で出かけるのは心配で嫌やったんや。事故起こしてないかと思うから。いままではダイがいるから、いっしょに待っていてやろうと思ったけど、もうダイのために待っててやる必要はない。いっしょに行く」

理屈で攻めてきました。よほど寂しいのだろうと思って、どこへでもともなって行くことにしました。日がたてば、少しずつ夫も癒えるだろう。早くその日が来るようにと願いました。

私自身もダイがいなくなって寂しくないわけはありませんでした。十五年のあいだに何百回シャンプーをしてやったか、と数えていたり、さまざまなダイのしぐさや顔つきが脳裡に浮かんできて、涙ぐんでいたりしました。

ダイとともに歩んだ十五年。一つの時代が終わりました。ダイを飼いはじめたころより私も確実に老いてきていました。夫を在宅だけで介護していくのはいずれ限界がくるだろうと思えます。そろそろデイサービスを受けることも考えようと思いはじめていました。

夫はそれより大分前から、食べ物の名前を忘れてしまい、その食べ物がなんだかもわからなくなっていました。そのため、私が注意散漫になっていると、食事中にとんでもないことが起こりました。外食するととくにひどくなります。

一人用のしゃぶしゃぶ鍋の中の出し汁を飲んでしまおうとしたり、天つゆや刺身醬油を飲んだり、おろし山葵《わさび》やおろし生姜《しょうが》をかたまりのまま食べたりしました。

また、衣類を適切に着ることもできなくなりました。私の服を着ようとするなどは序の口で、入浴のあとパンツをはくつもりで、Tシャツの両袖に両足を入れてはいたりしました。さまざまな夫の症状に、驚きあわてる場面がどんどん増えていきました。

二〇〇六年秋ごろから、デイサービスを始めたいという気持ちが私の中で膨らんできました。

たまには息抜きがしたい。自由にあちこち行きたい。買い物も思い切りしたい。そんな気持ちが溜まりに溜まっていました。

ネットなどで調べて、好感の持てる通所施設をみつけました。「シルバーサービス憩いの汀《みぎわ》」というNPO法人が運営するデイサービス施設で、西口さん夫妻が自宅を改造して始めた小さな施設です。

夫にどう切り出すかが難問でした。人嫌いになっていましたし、自分がアルツハイマー型認知症だとも、ましてや要介護度3のレベルだとも自覚していない夫に、デイサービスを受けましょうとは言えませんでした。

最初の一歩が踏み出せないと私はぐずぐず悩んでいました。そんな私に娘がメールをくれました。

家に学生さんたちが来たとき、お父さんが楽しそうにしゃべったり笑ったりしてたのを、私よく覚えてる。お父さんは本当は人嫌いじゃないと思うわ。憩いの汀を信じておまかせしてみたら？　私も心配を振り切って保育所にモモを預けてる。モモとおんなじに考えろというのもちょっと乱暴だけど、駄目だったらやめるぐらいの軽い気持ちで始めてみたらどうでしょう。

娘の目に夫がどう映っていたかを知らされてふっと風穴が開いた気がしました。認知症が始まってからの夫の言動が頭に染み付いていて、健康だったころの夫の本来の人柄を見失っていたことに気づきました。

一歩を踏み出そう。施設でのふれあいが夫自身にもよい効果を生むかもしれない。喫茶店に入るようななにげなさでデイサービスを受けるとか、家に友だちが来るような気軽さで訪問介護を受けるとか、そんな体裁をとれないものか。私はいろいろと方策を考えました。

相変わらず晴れればスケッチに出かけ、帰りに買い物や外食をしていました。いつもどおりスケッチに行くと言って出かけ、デイサービスの施設に立ち寄るのがいちばんスムーズにいくのではないか、そう作戦を立てました。夫を誘う言葉も考えました。

「私の友だちがお年寄りの集まる場を提供してはるところがあるの。一度遊びに来てと言われてたから、手伝いがてら、遊びに行きましょう」

意外にも夫は承知しました。

西口和代さんは、夫がどんな仕事をしていたか、どんな趣味があるかなどを、にこやかな顔で質問されました。大学で教えていたと言うと、西口さんは夫に多賀先生と呼びかけました。すると夫は、現役時代を髣髴《ほうふつ》させるしゃんとした姿勢と顔つきになりました。

私たちが友人の家を訪問してお互いが交流を楽しんでいる、という雰囲気を西口さんが意識してつくりだしてくださったおかげで、昼食の前から三時のおやつまでの四時間を楽しんで過ごせました。

「先生、今日はいろいろお話を聞かせてくださったり、手伝ってもらったりして、ありがとうございました。また遊びに来てくださいね」

別れ際の西口さんの言葉に、夫はいやあと照れながらも、まんざらでもない顔をして車に乗り込みました。

帰宅後、拾った落ち葉を花壇に撒く作業を熱心にしていましたが、夕食のときに私に尋ねました。

「今日はだれかに会ってきたのかな」

家で代わり映えのしない時間を過ごしたのではない、なにかちがったことをしたと、なんとなく憶えているようでした。

夫が就寝したあとで西口さんに電話で礼を言いました。

「多賀先生なら大丈夫ですよ。攻撃的な行動もありませんし、にこにこ楽しそうでしたし、最初はマンツーマンで看ますから、安心しておまかせください」

「ありがとうございます。どうやって最初の一歩を踏み出そうかと悩んでいたのですけど、なんとかなりそうですかね」

「一般的に男性は難しいのですよ。奥さんと何ヵ月もいっしょに通ってこられた例もあります。でも利用者さん一人一人の、それまでの人生を大切にする介護を心がけていますし、できるかぎりのことをしますからおまかせください」

西口さんのこの言葉で、なぜ、夫に先生と呼びかけられたかが理解できました。職業上培われてきた感情やプライドを大切にしてくださるのでした。

西口さんに背中を押してもらってようやく私自身が一歩踏み出す決心をしました。まずは一ヵ月に一回か二回のペースで始めてみる。うまくいけば週一回に増やす、そんな計画でお願いしました。

施設と自宅とはかなりの距離があるので送迎は私がしました。

朝十時ごろ送り届けて夕方四時に迎えに行くまでのあいだ、私は友人に会ったり、図書館で本を読んだり、デパートで買い物をしたり、映画を見たりして過ごしました。ようやく自由な時間を持つことができたのでした。解放感がわき上がってきました。おかげで自宅でも笑い合って暮らすことができました。

ある日、デイサービスが終わって車に乗り込むとき、見送ってくださった西口さんが夫に言われました。

「先生、今日はいろいろ助けてもらってありがとうございました。またこの次、元気なお顔を見せてくださいね」

「いつでも元気だよ、僕は。ただ、頭だけ悪いけどなあ」

自分の頭を指さしながら夫は笑いました。

「まあ、頭、悪いんですか、先生」

西口さんは笑って冗談めかそうとされました。

「ああ、もの忘れが上手になったぞ。でも年だからしかたない。そればっかり気にしていてもつまらんから、頭が悪いのは悪いまま置いといて、毎日楽しく暮らすことを考えんとなあ」

私ははっとしました。自分でボケ進行中と言うのはなんどもあったのですが、「楽しく暮らすことを考える」とははじめて聞きました。

西口さんも一瞬驚いた顔をされましたが、すぐ笑顔が浮かびました。

「先生、そうですよね。私たちもなんでもすぐ忘れますよ。でも楽しく暮らさないとね。まあ、今日は先生にいいこと教えられました」

夫はすっと背筋を伸ばし、満足そうな顔つきで車に乗りました。

夫を自分が支えていると思っていたけれど、病気のいまなお、夫は私にこれからの暮らしの指針を与えてくれているのだとしみじみ思ったことでした。


愛知県にある医療法人さわらび会福祉村病院の副院長・伊苅弘之氏が、「若年性認知症の人と家族への理解」という演題で講演されたのを聴いたことがあります。

「認知症は記憶と思考判断が損なわれ、それがどんどん進行していく。記憶と思考判断が損なわれるのに比べて、情緒、感情面は正常に保たれている。

治す薬も治療法もないが、毎日の生活環境そのものが治療であると言える。生活環境を認知症の本人が快適だと感じられるものにすれば、妄想、不眠、徘徊、攻撃的行動などが緩和され、本人は幸せに暮らせる。その幸せとは、あくまで本人の感覚でストレスがなく、明るく穏やかに安心して暮らせることである」

伊苅氏が幸せという言葉を使われたことが、強い印象で私に残りました。小澤勲著『痴呆を生きるということ』の中に、痴呆の人たちに透き通るような明るさと笑顔がある、と書かれていますが、それに通じるものだろうと思えました。

デイサービスのおかげで二〇〇七年一月から二〇〇八年晩秋ごろまで、夫の状態は安定し、私も自分の時間を楽しむ余裕ができ、穏やかに笑い合って暮らせるようになりました。中期の安定期とでも言えましょう。

難渋　二〇〇九年

デイサービスのおかげでようやく私たちにも安息が訪れ、それなりに幸せと言える日々が二年近く続きました。

ところが二〇〇八年暮れごろから、夫の周辺症状の進行に追い越されてきたのでした。私を悩ませたのは、物の識別がいちだんとできなくなり、自分が大切だと思っているスケッチブックや帽子、手袋などに激しい執着を示したことでした。

娘家族三人が年末年始を過ごすためにやってきたときも、それが顕著に現れました。

五歳になった孫のモモが「おばあちゃん、紙ちょうだい」とか、「セロテープ出して」とか、つぎつぎ要求しては、紙を切ったり絵を描いたりセロテープで貼りつけたりして、夢中でなにやら作品をこしらえていました。私は娘との久しぶりのおしゃべりに興じてテンションが上がり、自然、夫への関心が薄れていました。ふだんなら音楽をかけるところをみんなに遠慮したのか、それもしないで夫はソファーにじっと座っています。リビング一面にはモモが広げた玩具や絵本や作品が散らかっています。夫が落ち着かない気分でいるのだろうとは察したのですが、私も平素とちがうにぎやかな楽しさに浮かれていました。

夜になって娘たちが二階に休みに上がったあと、夫が険しい顔で怒りだしました。

「おれのスケッチブックがなくなった」

本棚を見ると、たくさんのスケッチブックがいつもどおり置いてあります。

「ほら、ちゃんとここにあるわ」

ほっとして指し示しました。

「これか？　もっとたくさんあったはずや」

眉間にしわを寄せて不機嫌な声を出します。

「たくさんあるわ、ほら。これ、みんなそうでしょ」

「これはもう描いてしまったものやないか。いま描いてるスケッチブックがない」

夫はかなり前からスケッチをしなくなっていました。対象を目でとらえて紙に写すことが困難になったのでしょう。それでも、出かけるときには必ずスケッチブックをバッグに入れて持ち歩きました。自分ではずっとスケッチを続けているつもりなのでした。

最初の数枚だけ使われて、あとは放置されているスケッチブックを開いて、夫の前に置きました。

「これがいま使ってる最中のものでしょう。ちゃんとあるわ」

「こんな少ししかないのはおかしい。もっといっぱいあったんや。ああ、あ、なくなった。おれが大切にしてるスケッチブックがなくなった。もう、あかん。チクショウ」

「ここにこんなにたくさんあるでしょ。なくなってなんかないわ」

「ああ、もうないっ！　なくなったっ！　おれのスケッチブックがなくなったっ！」

顔を歪め、体を震わせて大きな声で言いつのりました。説明しても通じないもどかしさにいらいらして、私は大きな声を出してしまいました。

「ここにあると言ってるでしょ！」

「これはちがう。なくなったっ！」

夫も輪をかけた大声でどなりました。しまった、怒らせてしまった、なんとかして鎮めなければ。こんな場合、説明や説得は怒らせるだけ。なくなったと混乱している本人の気持ちに寄り添うべし。

「あなたの大事なスケッチブックやね。たくさんあったねえ」

「うん、そうや、大事にしてたんや。もっとあったんやから」

「明日、モモちゃんたちが起きたら二階も探してみようね。大事なスケッチブックやものねえ」

「うん、そうする」

ようやく怒りを鎮めてくれました。そのあと風呂から上がってきたころには、この騒ぎをすっかり忘れたようで、機嫌よく蒲団に入りました。

また私は最初の対応に失敗したのでした。この期《ご》に及んでまだ自分の感情を抑えられないときがある、と自分自身にあきれながら就寝しました。

スケッチブックに執着することが最も激しかったのですが、その他に帽子や手袋にも執着し、デイサービスに行ったとき室内で帽子や手袋を脱ごうとしなくなりました。

夏になっても手袋をはめたままでした。いかにも暑そうなので、革製を紫外線カットの布製に換えました。帽子と手袋を脱がず自分のバッグを膝に抱え込んだ格好のまま、いすにじっと腰掛けている時間が増えたそうでした。以前のようには体操や歌やゲームなどを楽しまなくもなったようでした。スタッフの方たちは、他の利用者に迷惑をかけるわけではないので、そんなようすを温かく見守っていてくださったようでしたが、利用者の中には、室内では帽子や手袋を脱ぐものという常識をしっかり保っている人もいます。

「なんで帽子脱がないのか」

「食事のときは手袋脱がんとあかん」

夫にこのような注意をする人が出てきました。一人の利用者が言いだすと、同調する人も何人か出てきて、周囲から攻撃を受けたと夫は感じたようでした。

「ここはうるさいとこやな」

どなり声をあげることもあったようでした。夫も他の利用者も認知症なのだからどちらかの肩を持つこともできず、スタッフの方たちは苦労されたようです。夫の帽子・手袋に強い関心を示す利用者のグループから見えないところに夫の席を移して、トラブルを避けるように心がけていると報告を受けました。

待ち合わせ場所で送迎車から降りてくるときに、車の備品をバッグに入れていることがありました。

ある日は、掃除用の大きなブラシでした。バッグからはみ出しているので私はすぐに気づきました。

「これは車の掃除用のブラシやから、返しておきましょう」

ブラシを取り出そうとすると、夫がブラシを握り締めました。

「おれのスケッチブックやろ」

「スケッチブックはこれでしょう。ブラシは返しましょう」

不審そうな顔をしていましたが手放しました。

送迎車を見送ったあと夫を乗せて発進した私は、いつもの黒い手袋を片方しかしていないことに気づきました。

「あら、手袋、片方どうしたのかしら」

つい言ってしまいました。すると夫の態度が変わりました。

「ほれ、あれがおれの手袋やったんやろ。返してしまったやつ。ああ、あ、手袋がなくなった。取りに帰ろう」

「ううん、ちがうのよ。あれは手袋じゃないの、掃除用のブラシ」

「いや、手袋やったっ！　ああ、なくなったっ！　大切にしてた物やのに。なあ、取りに帰ろう。停まってくれ。降りるっ！」

夫は助手席のドアを十センチばかり開けて降りようとしました。

「危ない。閉めて！　後ろから車が来てるからドアを開けたらダメよ」

追い越し車線で停車するわけにいかず、ぞっとして大あわてで指示する私の声で、しぶしぶ降りるのを諦めてドアを閉めました。私は急いでドアをロックしました。

夫は嘆き続けています。私の胸の動悸がどくどくと大きく打ちはじめました。

「ああ、あ、なくなった。おれの手袋。あれがないとあかん」

まるで子どもを一人、迷子にさせたかと思えるほどの嘆き方でした。家には手袋をいくつも用意しているので、帰宅してそれを手渡せばすみます。けれども家までの道すがら、私がその嘆き方に気が動転して事故を起こすことだけは避けないといけません。夫の言葉にいちいち反応するのをやめて無言で運転に集中しました。夫もだんだん黙り込んで家に着いたころには忘れていました。

あとで思い返して反省しきりでした。バッグに入れていたブラシを取りあげなくても、次の回まで預からせてほしいと運転手さんに頼めばよかったのだし、手袋を片方していないことも指摘する必要はなかったのです。夫の気持ちを逆撫でしては自分がその後始末に難儀しているのでした。

その後もさまざまな場面でとんでもない物を自分のバッグに取り込んで、これは自分のスケッチブックだと言い張ることがありました。

ある日、家の近くのダムに桜を見に出かけて、帰途、スーパーに寄りました。いつも車で待っていると言うので、その日も私一人が店内に入って買い物をしました。そのあいだに夫は隣に駐車している軽トラックの荷台から、黒いゴムのベルトと荷造り紐と軍手を取って、自分のバッグに押し込んでいました。それも自分のスケッチブックだと言い張ったのには驚きあきれました。

このころから羞恥心がなくなってきたようで、ところかまわず立ち小便をしようとしました。デイサービスの送迎車から降りた途端にその場でやってしまったり、ショッピングセンターの駐車場の真ん中や新幹線のホームでも放尿しました。

自分が非常識なことをするだけでなく、ある日には、「トイレに行きたいから早く家に帰るわ」と言う私に、「あんたも、ここでやったらええ」と路上でするように勧めてくれました。これには参りました。

夫がデイサービスに行っている通所施設の代表・西口さんに交換ノートで相談してみました。こんな返事が来ました。

「最近デイサービスに来るようになった女性の利用者さんで、かなり症状が進んでいて、大勢の利用者さんやスタッフがいる室内をこわがって不穏になられる方がいます。それで私がドライブに連れ出す個別対応をしています。二時間ばかりもぐるぐる車で回っていると、尿意を訴えられるので、公園のトイレとかショッピングセンターのトイレとかを利用しようとするのですが、車から降りた途端、どこででもしゃがんでやってしまわれます。道路で遊んでいた小学生たちが、驚いてじっと見たので私のほうが恥ずかしかったです。三重大の神経内科の先生に相談したら、制止しないで、させておいてください、とのこと。でもねえ、そばにいる者はつらいですよね」

認知症になると羞恥心が薄れていくのも一般的な傾向なのでしょう。なんとか、そんな場面をつくらないように工夫するしかないのでしょうが。

昨日までは大丈夫でも今日とつぜんなにが起こるかわからない状態でした。思いもかけないことがとつぜん起こるのです。夫はどんなことを自分がしたかは瞬《また》く間に忘れます。しかしこちらはそうはいかず忘れてしまえません。あのときはこんなに困った、このときは本当にどうしようかと思った、など、それらの記憶が自分の中に蓄積していきました。また同じような場面がいつ起こるか常におびえているような心境でした。

昼夜逆転や不眠も始まりました。夜中に目覚めて私を起こすのでした。

「もう起きたらどうや」

時計を見ると午前二時とか三時とかです。

「まだ外は真っ暗よ。もうちょっと寝させて」

「なに言うてる。もう昼やないか。外は明るい、明るい」

「まだ、二時すぎよ。真夜中」

「もう、昼や。明るいぞ。鳥かて虫かて鳴いてる」

夫は蒲団から出てリビングに行きます。

ある夜は、夫の蒲団の上に巻き取ったトイレットペーパーが山盛りになっていました。ひと巻きぜんぶ解《ほど》いてトイレから持ち出したようでした。私も起きてリビングに行ってみると、夫の手首にもトイレットペーパーがぐるぐると巻きつけられていました。

「これ、どうしたの？　なにを巻いてるの？」

「手袋はめてるのや。おれの手袋やろ」

夜と昼とを取りちがえていることにしても、トイレットペーパーを手袋と思っていることにしても、まちがいを正して納得させようとするのは不可能です。正そうとすると険悪になります。こんな場合はこだわっていることから気をそらさせるしかありません。

真夜中でしたが、私は飲み物と菓子の用意をしました。

「このお菓子を食べてちょうだい。温かいお茶も飲んでね。おいしいわ。食べ終わったら寝てね。

私は先に寝るから」

そう言って私は蒲団に入りましたが、いったん目覚めたものはそう簡単に眠れません。夫は「これおいしいなあ、ほんまにおいしい」と繰り返し言いながら食べ、食べ終わると蒲団に入るときや、そのままソファーに座って朝までうつらうつらしているときなど、日によってちがいました。

そんな夜が二、三日続くと夫も疲れがたまるのでしょう。ぐっすり朝まで眠る夜もありましたので、それに合わせて私も睡眠不足を取り戻すようにしました。

困った症状は他にもありました。家の中あちこちに唾を吐いてまわるのでした。

「痰が際限なく出るのや。どうしたんやろ」

そんなことを言いながら、オーディオセットやサイドテーブルの上、洗面台、窓の敷居際、リビングと和室の敷居際などあちこちに唾を吐きました。洗面所かトイレで吐くように促しても聞き入れません。ふだんめったに行かない二階の家具の上にも吐いた跡が残っていました。風邪をひいているわけでもないし咳をしているわけでもありません。夫は痰だと言いましたが私が見るかぎりでは唾だと思えました。しかたないので夫が見ていないときにそっと拭き取って始末しておきましたが、しばらくするとまた吐いていました。そしてときにはおかしな返答をしました。

「ここ、なんにもないやろ。そやから飾ってるのや」

唾が装飾品だと言うのでした。

二〇〇九年の秋には、私が目を離した隙に一人で家から出てしまって行方不明になりました。警察をはじめ、地域の自治会、民生委員、消防団、社会福祉協議会などの大勢の方々で捜索態勢をとってくださいました。三時間後に隣町の住民の方が気づいてくださって無事帰ってきました。

このような状態になって私もほとほと困ったと泣きたくなることがしばしばありました。ある夜、また夫が目覚めて起き出したので、クッキーと砂糖湯をあげて、私は蒲団に入りました。しばらくうとうとしていたようでしたが夫に揺り起こされました。「どうしたんや」と言いながら夫が私の顔をのぞき込んでいました。

夢の中で泣いていたようでした。夫の言動に困り果てて泣いている夢の断片が残っていました。夢で泣いたのに実際に泣き声が漏れていて、それで夫が驚いたのでしょう。あなたが困らせるから泣いたとは言えません。聞こえないふりをして掛け蒲団をすっぽり頭まで被りました。

こんなふうに夫の言動を挙げ連ねると、毎日が緊迫感に満ちて絶望的に暗く、笑いのかけらもないような印象を与えてしまいそうですが、そうではありませんでした。夫はまだ冗談や駄洒落を言うことができました。

「うめえ物をうめえこと食って、うめえこと死なんとあかんなあ」

「どこに出かけるのや？　スケッチはせんでもええ。お金の落ちてるとこ行って拾うのがいちばんええな」

こんなことを言ってくすんと笑いました。自分でも冗談だと自覚して私を笑わせるために言ってみたのでしょう。それに応えて私もおおげさに笑いました。笑っていないとしかたない、そんな心境でもありましたが、笑うと不思議に心が開くのでした。

笑い合うためにテレビの番組「笑点」をよく利用しました。幼児は夕方になると退屈したり疲れたりして、ぐずることが多いですが、夫にもそんな傾向が出てきました。落ち着かず唾を吐いてまわったり、「これからなにが起こるのや」と繰り返し尋ねたりしました。そんなときは毎週録画している「笑点」を再生しました。するとちゃんとツボを心得て笑う場面もありました。夕飯までの時間、三回分でも四回分でも「笑点」を流し続けました。あまりにもなんども流すうち覚えてしまって、自分が先にオチを言って得意になっていることもありました。

夫は認知症が進んでから聞きはじめた「千の風になって」の歌詞を覚えました。「笑点」にも覚えたシーンがあります。認知症の人でも新しいことを覚えられるのだと認識を新たにしたことでした。

「笑点」の内容を理解して笑えるのも、「千の風になって」や童謡やフォークソングの歌詞を覚えていて歌えるのも、言葉が機能していたからで、夫の脳は言葉をつかさどる領域が他の領域にくらべて損傷が緩やかだったのだと思います。歌が歌え冗談や駄洒落を言えたのはありがたいことでした。

なんども手に取って励まされ続けていた小澤勲著『痴呆を生きるということ』の中にこんな内

容の記述がありました。

現在の身の丈に合った生き方を発見し続け、倦まずたゆまずかかわり続ける。このようなかかわりの継続は、本人の心にまちがいなく蓄積される。その結果、本人と家族や介護者が心を通いあわすことができ、険悪だった関係を修復でき、透き通るような明るさが生まれる。

透き通るような明るさ、とまではいきませんでしたが、夫の現在の身の丈に合った笑いのある暮らしを用意し続けよう、そう心を奮い立たせる日々でした。

入院　二〇一〇年六月

そんな日々のさなか私自身がC型肝炎の治療を勧められました。

一九九五年に受けたC型肝炎ウイルス検査で、キャリア（持続感染者）であることがわかっていたのですが、ウイルスの量が非常に微量なのでいますぐ治療する必要はないと言われていました。

二〇〇九年の秋、高血圧の薬を処方してもらっている内科医の勧めで、新しく開発された方法でC型肝炎ウイルス検査を受けました。相変わらずウイルス量は微量だろうと高を括《くく》っていたのですが、ウイルスの遺伝子型は1bで、ウイルス量はハイレベル、インターフェロンでの治療をしたほうがよいレベルになっているという検査結果でした。

「肝臓は沈黙の臓器と言われ、自覚症状が現れるのはかなり進んでからです。今後十年生きようと思うなら治療を勧めます」

放置すれば十年の保証もないのか。夫より私が先に逝くかもしれない。それだけは避けねばならない。頭の中を想念が忙しく行き交いました。

さらに医師の言葉が続きました。最低二週間の入院が必要で、その後は通院で週一回インターフェロンの皮下注射を四十八週続ける。風邪にかかったように発熱したり、食欲が落ちたり、体の節々が痛んだり、気分が落ち込んで鬱状態になるなどの副作用がある。介護と治療は両立しない。

医師の説明は私の心をざわざわと波打たせました。介護とは両立しない？　どうしたらいいだろうか。夫をなんとかしなければならない。それがまず問題だ。私の悩むのを聞いて、「焦らなくていいですよ、ゆっくり考えてください」と医師は言い添えてくださいました。

医師から渡されたインターフェロン治療の冊子を読んだところによると、治療を受けても、全員がウイルスを排除できるわけではないそうです。とくに1b型ハイレベルのタイプでは、内服薬併用治療を四十八週間続けても、患者の四十パーセントでウイルスの陰性化がはかれない。しかし、たとえウイルスを排除できなくても、肝機能が改善されるので、治療を受けるメリットはあるとのことでした。

これらのことを子どもたちに伝えて相談したり、友人に話したりして、考えをまとめようとしました。共倒れになったらたいへんだから、治療を受けたほうがよい。みんながこうアドバイスしてくれました。

治るものなら治したい。夫より先に逝くわけにはいかないから、治療を受けて夫の世話をしたい。だんだん気持ちが固まっていきました。それには夫を施設に預かってもらわねばなりません。ケアマネジャーさんに相談して、津市内の特別養護老人ホームの一つで、ショートステイ（短期入所）を試みる手筈を整えてもらいました。デイサービスのほうも、それまで三年あまりにわたってお世話になった施設をやめて、自宅まで送迎してもらえる通所施設に替わりました。

二〇一〇年正月明けに一泊のショートステイを試みました。が、失敗に終わりました。夜中に夫が他の利用者の部屋に入っていって、衣類や毛布や靴などを持ち出そうとしたのだそうです。スタッフが止めても、おれのスケッチブックだと言い張ってなかなか手放さないので持ち主とけんかになった、他の利用者に迷惑をかける人はお断りします、と言われてしまいました。

他の施設なら受け入れてもらえるかもしれないと考えて、もう一ヵ所の施設でショートステイを試みましたが、同じ理由で断られました。どの施設も昼間はスタッフの人数が多いのですが、夜間は極端に手薄になります。利用者同士がトラブルを起こすと全体の介護に支障を来すからお断り、ということなのでした。

ショートステイを利用できないかぎり私の治療は望めません。治療を受けること自体を諦めようかとも思いました。いまから十年ほどの保証があれば、二人同時ぐらいに人生の終末を迎えられるかもしれません。しかし私が先立ったら息子や娘を困らせる事態になります。それぞれに家族があり、仕事と趣味と家族を守ることに精一杯生きています。老いた我々が若い人たちの足を引っ張るのは忍びない、なんとか道はひらけないだろうかと考えをめぐらせました。

夫は二〇〇九年秋から「三重県立こころの医療センター」のM先生に、要介護認定の手続きに必要な主治医になっていただいており、睡眠薬を処方してもらっていました。

M先生に窮状を話して相談に乗っていただきました。

「ショートステイを断られるほどの症状に対応するには、精神安定剤などの薬物療法を中心にした治療が必要です。興奮や不安感や拒否行動などさまざまな異常行動を抑える効能のある薬が有効ですが、過剰投与してしまうと、ろれつが回らなくなる、ふらつく、よだれが出る、嚥下《えんげ》機能が落ちてよくむせる、歩行機能が落ちてしまうなどの過鎮静の症状が出ます。全身の状態を常時観察して処方量を調整する必要があるので外来では難しいです。三ヵ月ぐらい入院して治療すれば穏やかな状態になられますよ」

とM先生は言われました。

それを聞いて私は希望がわきました。夫が三ヵ月入院している期間に自分の入院期間を重ねたら、夫と私の両方の治療を同時にすることができるのです。

希望はわきましたが喜んで飛びつくという心境にはなかなかなれませんでした。夫は自分が入院する必要性などまったく感じていないのですから、精神科病棟入院を嫌がるでしょう。だれしも家で過ごすのがいちばん安心で快適です。夫の体が元気であるだけに入院させることがためらわれました。夫を私の治療の犠牲にするのではないか、そうまで思えて悩みました。

家族のつどいに参加して、ケアマネジャーや認知症サポーターなどさまざまな立場で認知症介護の経験を積んでいる人たちに意見を聞いてみました。

「どの家庭も最後までずっと在宅介護ができるとは限りません。入院して薬の副作用でトロンとされることがあったりするのを奥さんが見られたらつらいでしょうが、奥さんになにかあったとき施設入所ができる状態に持っていってあげることも、奥さんの務めだと思いますよ」

一人のケアマネジャーさんのこの意見に、私はそうなのかと納得させられました。

子どもたちにも相談すると、精神科入院に臆する必要はないと言いました。体が悪いときは内科や外科に入院する。脳の病気で精神科に入院するのもそれと同じだ。これにも私は納得させられました。

しかし、しかし、なのでした。困った言動が増えたとはいえ、家で機嫌よく音楽を聴いたり、「笑点」を楽しんだり、ドライブを喜んだりしている夫を、本人の希望ではないのに入院させ、その結果、予想以上の芳《かんば》しくない状態に陥らせるかもしれない。悲観的な考えも脳裡にわいて、私は長いあいだためらっていました。

私一人であれこれ悩んでいるあいだにも夫の症状は進行の一途をたどっていました。

夜中にトイレの場所がわからなくなって洗面所や玄関や廊下を排泄物で汚しました。また、ぐっすり眠っていて蒲団を濡らすこともしばしば起こりました。紙パンツに切り替える時期がとうとう来てしまったのでした。風呂のあと紙パンツだとは説明せずに、普通のパンツを手渡すのと同じように紙パンツを渡して、脚を片方ずつ順番に通すように指示すると、すっとはいてくれました。

抵抗なく紙パンツに替えはしたものの、夜中に紙パンツを下ろして便をこぼし、気づかずにその上をスリッパで踏んでまわりました。廊下やリビングの床を消毒液で掃除するのに追われました。

失禁に悩まされるかと思うと逆に便秘で困ることもありました。お腹が張ったのがわかるようで幾度もトイレに行くのですが、硬くなった便が出口を塞いで詰まっている状態でした。私はついていって、介護用ゴム手袋をはめた指で掻き出しました。コチコチの丸いかたまりが一個、二個と出てきます。痛い痛いと夫は怒りましたが、なだめすかしながらなんどか掻き出していると、蓋《ふた》がはずれたようにどっと排泄できるのでした。大声で怒っていた夫も、「ああ、やっと出た」と気持ちよさそうに言いました。

こんなふうに詰まった便を指で掻き出すことを「摘便」とか「便掘り」というのだそうです。緒形拳さんの最後のテレビドラマ「風のガーデン」で、終末期の患者の便掘りについて触れていました。人間が老いていく過程で通らなければならない生理現象であり、対処法なのでしょう。

風呂で洗髪することも非常に嫌がるようになりました。一年ほど前までは、浴槽につかっている夫に頭だけ洗い場のほうに突き出してもらって、孫のモモの話題で気をそらせながら、ごくごく簡単に洗髪していました。それがもう通用しなくなったのでした。頭を濡らすことが耐えられないのです。入浴や洗髪を嫌がるのも認知症の人によく現れる症状です。

また、眠れない夜に蒲団の上に座って頭を両手でかきむしることもしばしば起こりました。

「ああ、また、わからんようになってきた」

なにがわからないようになったのか尋ねても、はっきりした返事はできません。

「なんのために生きてるのやろ」

聞いている私にその言葉が刺さりました。

「なんにもない。なんのために生きてるのや」

夫の心の底に昏《くら》い不安の淵が広がっていることが察せられて、慰める言葉に詰まりました。

「大丈夫よ、わからないことがあったら私に聞いてちょうだい」

心を励まして答えましたが、それがどれほど夫の根源的な不安の淵に届くのだろうかと私自身がたじろいでいました。

夫のこの不安感、焦燥感の高まりを見ていてようやく心が定まりました。夫は夫自身のために入院して不安感、焦燥感を鎮める治療を受ける。私もその期間に合わせて入院し、インターフェロン治療を受ける。どちらもうまくいくことをひたすら祈ろう。そう心が決まりました。

二〇一〇年六月一日、夫は「三重県立こころの医療センター　老年期病棟」に入院しました。

入院初日は、最初に、外来で入院に関する説明をM先生から受けることになっていました。「私の受診についてきてちょうだい」と言って、私が先に診察室に入り、夫が続いて入ってきました。

夫は以前から、大学で接していた院生や研究生たちに似た雰囲気の若い男性に親近感を持つ傾向がありましたが、M先生にもそんな親しみを感じているようでした。M先生も夫の研究分野について話題を振ったりしてくださったので、ずいぶん機嫌よく応じていました。

ここが診察室であるとか、目の前の人は医師であるとか、妻の受診ではなく自分が受診しているとか、そのような状況判断はまったくできていません。親しみの持てる人と楽しい会話をしてひとときを過ごしている、そんな認識しか夫にはないように見えました。

途中でとつぜん小椋佳の「さらば青春」を歌いはじめました。おれがいちばん好きな歌だと言ってよく歌う歌でした。M先生はにこやかに歌い終えるのを待ってくださいました。

そのあと入院手続きに必要な書類を前に置いて、「精神保健及び精神障害者福祉に関する法律の規定による、医療保護入院です」とM先生は私に説明されました。夫がどう感じるだろうかと気になりましたが、理解できなかったようでなにも関心を示しませんでした。

次にM先生は夫の顔を見ながらゆっくりと話しかけられました。

「奥さんが肝臓の治療をされるので、もうすぐ入院されるのはご存知ですね」

「はあ、知ってますよ」

一度は夫に話しましたが、繰り返し言うことは避けていました。不安感に襲われて混乱しないかと恐れたのです。夫も質問したり話題にしたりすることはありませんでした。私の入院のことは頭の隅にも残っていないはずだったのですが、ずっとそんな返事をしたのです。

「それで奥さんが入院しておられるあいだ、多賀先生もここに入院してもらおうと思っているのですが、いいですか」

それにも「はあ、いいですよ」と平然として即答しました。

じっくり問い質し内容を理解する力がなくなった夫は一瞬で返事したのでした。私の目頭が潤みました。

認知症の人は、相手の言葉に乗っかるようなかたちで反射的に返答してしまうことがあります。夫もよくわかっているような顔でおうむ返しに返事をすることがありました。悪徳業者にだまされる例が世間によくあるのもこの傾向のゆえだろうと思います。

病棟には広いホールがあり、デイサービスのような雰囲気でたくさんの患者さんが集まっていました。夫はその中に誘導され私は別室に案内されました。その部屋で日ごろの夫の生活ぶりを質問され、こちらの要望も述べ、入院看護計画とリハビリテーションプログラムに同意のサインをしました。

終わって帰るとき、「ご主人とは顔を合わさないで出ていってください」と裏口に案内されました。

た。夫の顔を見て、「いっしょに帰る」と言われたら涙が出たでしょう。その配慮がありがたいのでした。

戸外は夏の太陽が顔を出し、駐車場に停めた車の中はむっと煮えていました。その熱気の中で、堪えても堪えてもわいてくる涙を汗とともに拭い続けて、しばらく発進できずにいました。

私の入院は六月末の予定でした。夫の入院と私の入院のちょうど間隙を縫うように、息子夫婦の第一子誕生が控えていました。

夫の入院後、しばらく京都の息子の家に滞在し、まだ予定日まで日があるので三重に帰ってきました。

夫が気懸かりで、すぐに病院に面会に行きました。

ホール入り口のロックをはずしてもらうのを待つあいだに、夫の姿がドアのガラス越しに見えました。首を前に突き出し床に視線を落としてゆるゆると歩いていました。ちらっと私の顔を見ましたが、赤の他人にお辞儀するような顔で頭を下げてそのまま行ってしまいました。手を挙げて合図する暇もなかった私はショックを受けました。はじめて私を認識できなかったのです。しばらく京都に行っていたあいだ、夫はどんな時間をここで過ごしたのか、もうすでに私は遠い他人になってしまったのかと思って、こみ上げてくるものを抑えかねました。

ロックをはずして招じ入れてくださった看護師さんが、歩いている夫のそばに行って、「奥さんが見えられましたよ」と声をかけられると、夫は私を見ました。私が手を挙げて笑いかけると、はっと気づいたらしく弱々しい笑顔を浮かべました。

「来てくれたんか」

わかってくれました。忘れられていなかったのです。心底安堵しました。

「どこに行ってたんや。もう帰ろう。ここにいてもしかたがない」

ベンチに並んで座った夫が私の手を取って振り回しながら言いました。幼児が母親にせがむような口調です。

「帰れないの。私がもうすぐ病院に入院するから、あなたはここで待ってて」

「どこが悪いのや」

「肝臓」

「ふうん。どこの病院や。おれもいっしょに行く。あんたの入院する病院にいっしょに行って、治療するのについていてやったほうが安心や」

その言葉が私の涙腺を決壊させました。

「どうしたんや。なんで泣いてるのや。なあ、もう帰ろう」

「私はもうすぐ病院に入院するから、あなたはここで待ってて」

「どこの病院や。おれもいっしょに行く」

「そういうわけにはいかないの。患者しか入れないの」

「入らんでもええ。あんたが見えるとこにいてやる」

「でも、あなたのご飯もないし、ベッドもないの」

「なくてもええ。どこでもごろんと寝られるし、メシはそのへんの店の物をちょっと取って食べたらええ」

　そう言って、さすがにおかしいことと思ったのか、くすっと笑いました。私も顔中、涙と洟水でぐしゃぐしゃになりながら笑ってしまいました。

「いっしょに病院に行こう。さあ、いまから行こう。こんなとこに座っててもしかたない」

　私の腕を取って歩きだそうとします。「そうはいかないの」と力なく答えて夫をまたベンチに座らせます。幾度も幾度も同じ会話を繰り返しました。

　面会時間が終わって看護師さんにロックをはずしてもらいました。ドアからするりと抜け出ようとする私に夫が追いすがり、「おれも帰る」と言いました。看護師さんが夫を制止してくださったあいだに私は振り切って外に出ました。

　入院初日と同じように、駐車場に停めた車の中でひとしきり涙にくれました。

　夫は私の入院する病院にいっしょに行って、治療についていてやると言ったのでした。この期に及んでなお、私を思い遣る気持ちを持っていてくれたのでした。

　何日かたってから、夫の担当看護師さん、看護師長さん、ケースワーカーさんの三人と面談することになりました。その場で担当看護師さんから聞いた病棟での夫のようすは、予想以上の状態でした。

「看護拒否が非常に強いです。入浴を嫌がられるし、パジャマに着替えることも嫌がられるので夜も昼も同じ服のままです。先日下痢をされて下半身が汚れたときには、シャワー浴を嫌がられてたいへんでした。五人がかりでやっと洗って着替えしてもらいました。奥さんが要望されていた爪切りもまだできません。ほんとに看護拒否が強い方ですね。奥さん一人でご家庭で介護されていたのも、限界だったのではないですか。

三ヵ月ほど入院してもらっているあいだに、看護拒否なども改善されるでしょうが、奥さんはご自分の治療がありますから、退院後のご主人をどこか施設に入所させてもらえるように、いまから申し込まれたらどうですか」

そんな話が出るとは予想していなかったので驚きました。

「インターフェロンの注射をすると副作用で二、三日ぐったりするらしいので、それに合わせて二、三泊のショートステイを利用しようと思っているのですが」

「そのショートステイが、本人さんにとってはいちばん望ましくないことなのですね」

私は首を傾げました。在宅で介護して、デイサービスやショートステイを受けるのが本人にとって望ましいことだと思いこんでいましたから。

「ショートステイでは、本人さんと施設とが人間関係を築くのが難しいのです。本人さんの不安感が高まって混乱し問題行動が起こる。施設側もその人がどんな性格なのか、どんなケアをすればよいのか、つかめないうちにショートステイの期間が終わってしまう。それよりもホームなどに入所されたほうが、じっくりと腰を据えて人間関係を築いてくれます」

正月明けから試したショートステイを二ヵ所とも断られたのは、こういうことだったのかと思いあたりました。

「食事、排泄、入浴、睡眠など、生活の基本のケアは施設の専門家にまかせて、奥さんは頻繁に面会に行って、ご主人の好きなドライブをしたり歌をいっしょに歌ったりされたらどうでしょう。二人で楽しい時間をできるだけしょっちゅう持つようにされたらいいと思いますよ」

そういう考え方があったのか。在宅で介護しデイサービスとショートステイに通うことがよいとばかりは言えないのか。施設入所も視野に入れることをその日の面談で教えられました。

子どもたちに相談して、ともかくも入所の申し込みをしておこうという気になりました。どこの施設も待機者が多いので、すぐに入れるわけではないそうでした。私の入院までにすませておこうと考えて、津市や息子の住む京都市の施設十九ヵ所に申込書を出しました。

六月十六日に息子夫婦の第一子が誕生したのを見とどけたあと私は入院しました。いくつもの検査をクリアーして、七月第一週に一回目のインターフェロン皮下注射を受けました。同時に内服薬レベトールの服用も始まりました。言われていたとおり、発熱、節々の痛み、胃の不調、不眠などの副作用が強く出ました。

翌週、二度目のインターフェロン注射を受けた翌日に退院しました。久しぶりに戻ってきた家には夫はいません。一人暮らしが始まったのでした。私は若いころ下宿したことがないので一人暮らしは生涯ではじめてでした。体の不調と一人暮らしの寂しさとが重なったせいか気分はかつてなく落ち込みました。テレビを観ていても本を読んでいても、ちょっとしたことで夫を連想して涙がこぼれてきました。入院させてかわいそうという気分がこみ上げてくるのでした。また、この先どうやって一人で治療を続けていけばいいのだろうか、という焦燥感にもとらわれました。記録的な猛暑も重なって、体はだるく胃の不快感が続き食欲もなく落ち込んだ気分を持て余しながら、クーラーをかけた室内で横になって過ごしました。

体調の比較的よい日を選んで週に二回は夫に会いに病院に行きました。

最初の面会のときには、「どこに行ってたんや。もう帰ろう、ここにいてもしかたがない」と言った夫でしたが、そんなことを言わなくなりました。

「よい天気やから、海を見にドライブしましょう」

「それ、ええな。どこに行く?」

「香良洲海岸に行く?　前によくスケッチに行ったでしょう」

「うん、行った」

機嫌よく応じます。

わが家ではないところに自分はいる。妻がずっといっしょにいるわけではない。ときどきしか妻は顔を見せない。それらの、自分が置かれた状況を把握できなくなったようでした。私は申し訳ない気分と同時に、把握できなくてかえってつらくないという気分との両方を噛《か》み締めました。

よくスケッチに通った香良洲海岸が病院から近いので毎回そこに向かいました。海を見ながら堤防をゆっくり走ります。車を降りて砂浜を歩くことを勧めても、それは嫌だと言って応じませんでした。

「海は気持ちいいねえ。広くて大きくて」

自分の心を解放するためにも私は海に来たことを喜び、夫の視線を海に向けようとしました。あそこに釣りをしている人がいる。今日は休みだから海水浴客が多いね。ほら今日は波が高いわ。その日その日の海岸のようすを口に出しました。「ほんまや」などと返事をしてくれますが、それほど関心はないようでした。

ときおり松林にカラスがとまっていたり、黒い影がさあっと視界を横切ったりしました。カラスがいると言って指さすと、夫は必ず童謡を歌いました。

烏　なぜ啼《な》くの　烏は山に
かわいい七つの　子があるからよ
かわいかわいと　烏は啼くの
かわいかわいと　啼くんだよ
山の古巣に　いって見て御覧

丸い眼をした　いい子だよ

そして、最後の「いい子だよ……」を長く伸ばして歌ったあとに、「(よ）うこちゃん」と付け加えて、くすんと笑うのでした。
私はお返しに「徹ちゃんの歌もあるわ」と言って、「通りゃんせ」を歌いました。

徹《とお》りゃんせ　徹りゃんせ
此処は何処の　細道じゃ
天神様の　細道じゃ
ちいっと通して　くだしゃんせ
ご用のない者通しゃせぬ
この子の七つのお祝いに
お札を納めに参ります
行きはよいよい　帰りはこわい
こわいながらも
徹りゃんせ　徹りゃんせ

最初のフレーズからいっしょに歌いだした夫は満足そうに笑いました。夫は替え歌だとわかって笑ってくれたのでした。若いころは照れくさくてやれなかったことが、こだわりなくできます。これは認知症が私たちに贈ってくれたプレゼントなのかもしれない、そう喜ぶべきだと心の中で一人思いました。

一時間ほどのドライブのあいだに幾度も幾度も「七つの子」と「通りゃんせ」を歌い、笑い合い、そして病院に戻りました。

病院に送り届け看護師さんがドアのロックをはずしてくださるとき、いっしょに帰ると言いだされないか、私はいつもはらはらしました。しかし回を重ねるうち、夫は私を振り向きもせず中に入っていくようになりました。看護師さんたちになにか話しかけられ、背中を抱かれるようにして連れていかれる夫の姿を見て、車に戻ります。車に戻って涙にくれることもだんだん少なくなりました。

入所　二〇一〇年九月

特別養護老人ホームや介護老人保健施設、グループホームなどに入所申し込みをしましたが、一年以上は待機することになるだろうと思っていました。ところが意外なことに、特別養護老人ホームの一つから順番が回ってきたという連絡が入りました。申し込んで二ヵ月目という早さに驚きましたが、夫につけられた優先順位が上位だったのと、偶然タイミングよく空きが出たのとで早々と順番が来たとのことでした。

どこの施設でも本人と家族の状況を聞き取って入所の必要性を点数で表します。点数が高い申込者ほど優先的に入所させてもらえるのです。わが家の場合は、本人が要介護度4で入院中（二〇〇九年秋に要介護度は4と認定されました）、一人で介護している妻が入院に引き続いて通院での病気治療中、これらの事情が点数に反映されて優先順位が高くなったのでした。

家から二十分ほど車を走らせたところの、長谷山の麓にあるホームで、山々に囲まれた敷地の周囲には梅や桜が植えられていました。ここなら緑が好きな夫も気に入るのではないかと思えました。

介護支援専門員・Wさんの案内で施設内を見てまわると、若く元気な職員の方たちがたくさん働いていることが、まず、目をひきました。私の顔を見るとみな笑顔であいさつされます。利用者は車いすの人が多い印象でした。

Wさんの応対に私は信頼感を抱いて帰宅しました。

ホームに好印象を持ったものの気持ちは揺れました。入所はまだ早すぎるのではないか。夫は家で過ごしたいだろう。「こころの医療センター」での治療がそのうち効を奏して、家での介護もできるのではないか。けれども私自身のインターフェロン治療は、そのときまだウイルスを陰性化できていませんでしたし、副作用のつらさが続いていました。退院してきた夫を介護できるだろうか。その夏の生半可でない暑さの中でさまざまに思い悩みました。

息子や娘に相談し、多くの人たちにも意見を聞き、最後に決断しました。思いがけず早く順番が回ってきたことを幸運と思おう。いま入所を見送って在宅介護をしているあいだに、自分に限界が来ないとも限らない。そうなってからでは夫をかえってつらい状況におとしいれる。ホームにお願いして生活の基本面を保証してもらう。私は体調の許すかぎり頻繁に面会に行って夫婦の絆を保ち続ける努力をする。こう自分に言い聞かせて心の波立ちを鎮めることにしました。

九月の初旬、夫は「こころの医療センター」を退院しました。

「看護拒否が改善されてずいぶん穏やかになられました。M先生がうまく薬を使ってくださったのです」

担当の看護師さんがそう言われました。

確かに穏やかになったようでした。あんなに家で拒否していた入浴も洗髪もできていました。しかも心配された副作用・過鎮静の症状は出ていません。体の衰弱もありません。治療がうまくいったのでした。ありがたいことでした。ただ、散髪をしていないので、髪が首筋まで垂れ、あごひげも山羊のように伸びていました。

入院費の精算をすませ、預けてあった夏物衣類と使い残りの紙パンツを車に積み込んでいると、三ヵ月余の、夫にとって苛酷な入院生活が終わった、という感慨がこみ上げてきました。夫はいつもどおりドライブに出かけるときの顔で助手席に座っていました。そのままホームに向かいました。

説明せず了解もとらないでホーム入所の手続きをし、一度も家に帰らせてあげることなく夫を送り込むのです。罪悪感がむくむくと膨らみました。いままでのさまざまな局面でと同じように、頭では決断していても心は涙を流し続けるのでした。

ホームに着くと多くの担当職員さんたちが出迎えてくださいました。部屋に誘導されていく夫はにこやかで、デイサービスを受ける通所施設に入っていくときと同じ顔つきでした。

その日から夫の住所はホームの所在地になり、私とは別世帯になってしまいました。住民票の上でも単身世帯になったことで一人暮らしの寂しさがいちだんと身に沁みました。

夫の面会に週三回は行くようにしました。「こころの医療センター」に入院中は香良洲海岸までドライブしましたが、ホームに入所してからは近くの錫杖湖《しゃくじょうこ》や石山観音公園まで行きました。錫杖湖はすっぽりと周囲を山に囲まれていて、深い青緑色の湖面が美しい湖です。夫が応じる日は、駐車場に車を停めて小高い丘の頂上までかなりきつい石段を登ります。

「この手すりを持ってね。ふらついたら危ないから」

夫は素直に手すりを右手で握って、私を見ます。

「あんた、大丈夫か？　持つとこ、ないやろ？」

「私はあなたの腕を持たせて」

そう言って夫の左腕を取りました。もう何年も前から、人の多いところや危なっかしいところを歩くときは、たいてい夫の肘のあたりを支えていたのですが、私が夫に支えてもらっているように振る舞いました。

「ええぞ。しっかり持っとけ」

妻が危なくないかどうかに配慮できる優しさがまだ保たれていました。そして、妻に頼られている、妻の役に立っている、と思えることが夫を満足させていたのでしょう。

往復の車の中では往年のフォークソングを聴きました。吉田拓郎、かぐや姫、さだまさし、小椋佳、井上陽水などを流し、いっしょに歌いました。夫は歌詞を覚えていて次のフレーズが聞こえる前に歌ってしまいました。

「あなたは歌詞をよく覚えてるねえ。歌が好きやからやね」

「歌は、そういうもんやろ」

かぐや姫の「神田川」が流れてきたとき、夫に尋ねてみたことがありました。

「ただ貴方の優しさがこわかったって歌ってるけど、なんで、優しさがこわいのかしらねえ」

しばらく口をつぐんでいましたが、やおら夫が答えました。

「そらな、人に優しくされたら、自分もそれに応えんとあかんやろ。それができるかな、と思うのや」

こういうことはきちんと考えられるのだと思って私は安堵しました。安堵はしましたが、胸が痛みもしました。これまでの人生で夫が私に向けてくれた優しさを、私はここに来て裏切ったのではないか、ホーム入所に踏み切ったことが、なにかにつけ私の胸を痛めるのでした。

歌いながら合いの手のように私の運転を褒めてくれました。

「あんた、運転、上手やなあ」

一時間あまりのドライブ中に幾度も褒めてくれます。かつてなかったことでした。

「えらい褒めてくれるのね、ありがとう。そらねえ、もう三十八年も運転してるから、ちょっとは上手になったかな」

「道をよう覚えてるなあと思うのや。こんなややこしいとこで、どっちに行ったらええか、わからんかったら困るけど、よう覚えてるやろ」

自分と比較しているのだろうと思うと手放しで喜ぶわけにはいきません。

「あなたは歌の歌詞をよう覚えてるし、私は道を覚えてるの。運転する者は道を覚えられるのよ。ときどきまちがえてUターンして来るけどね」

しばらくすると、また、「あんた、運転、上手やな」と言います。少し変化を持たせたくて、別の返事をしてみます。

「そんなことないのよ。かすったり当てたりして、車、ボコボコよ」

これは謙遜ではなく私の車は歴代、無傷であったためしがありません。

「そらなあ、ちょっとは当てたりするかもしれんけど、道をよう知ってるなあ」

また振り出しに戻ります。

言葉を出すまでに時間がかかり同じことの繰り返しではありましたが、こんな会話を交わせることがありがたいのでした。

入所して一ヵ月ほどたったころ、私も出席しての担当者会議が開かれました。入所手続き以来お世話になっているWさんと、夫の担当介護士・Nさんら数人の職員さんが集まって、施設サービス計画書を作成するための会議でした。

入所してからの夫のようすをNさんが話してくださいました。

もの忘れがひどく日常生活が混乱している。食事時は声をかけないと一部しか食べない。介護士の目が届かないあいだに、バナナの皮を食べてしまったので、みかんやバナナは皮を剝《む》いて皿に載せるよう栄養士とも打ち合わせている。トイレの場所が覚えられないので、頻繁に誘導するようにしているが、室内のどこにでも放尿してしまう。便秘がひどいので下剤を使うが、そうすると便失禁が起こる。夜はよく起き出して歩きまわっている。などなどでした。

面会するといつも、着替え、入浴、洗髪、髭剃り、散髪など、家でもいままでの施設や病院でもできなかったことを、このホームではやってもらっていることがわかりました。穏やかに過ごしているのだと思っていた私は、想像以上にご苦労をかけているのだと知りました。

外から垣間見たりときどき訪れたりするだけでは、二十四時間介護している者のたいへんさはわかってもらえない、と常々思ってきました。その私がしばらく夫と離れて暮らしてきて、すでに、たまの訪問者のように夫の症状を実際より軽く考えていたのでした。自分自身のいい加減さに愕然《がくぜん》とする思いでした。

どこにでも放尿するということに恐縮していると、Nさんが言ってくださいました。

「でも、掃除すればすむことですから」

このひとことでホームの介護姿勢にいっそう信頼感を持ちました。

夫とドライブしながら会話を交わし、こんなにまだはっきりしているのだから在宅でも介護できたのではないか、と心が痛まないではなかったのですが、もう無理なのだと思い知りました。この日の会議でようやく私は、迷いを吹っ切ることにしようと思いました。そして最初に決めたように、夫婦の心のつながりをできるだけ長く密に保てるように足繁く面会に行こうと改めて心に誓いました。

晩秋になりました。面会に行くたび錫杖湖とその手前の河内《こうち》渓谷の紅葉が進むのを観察しながらドライブしました。

その夏の記録的な猛暑が幸いしたとかで、カエデの色合いが例年にくらべてことのほか鮮やかでした。血潮モミジとでも言うのでしょうか。陽光があたると深紅が燃え上がります。沈潜させていた熱情が隠し切れずにこぼれでる印象でした。

カエデだけでなく、錫杖湖をとりまく山々の雑木の紅葉も美しいものでした。ヤマザクラ、クヌギ、ブナ、ケヤキなどでしょうが、広葉樹の黄金色が緑の山肌を染め分け、その中に点々とウルシの紅色がアクセントをつけていました。

「ほら、紅葉がきれいよ」

運転しながら夫の関心が紅葉に向くように窓外を指さします。

「そうか、紅葉か」

返事はしてくれましたが、私の指し示す紅葉に焦点が合っているようには思えませんでした。

「自然豊かなところや。おれの家に近づいたということやな。もうすぐ家かあ。おれの家はきれいなところにあるからなあ」

「自然豊かなところに京都から引っ越してきたのよね」

「そうや」

「いいところに引っ越してきてよかったね」

退職後、京都から三重に転居したことはしっかり記憶に残っていました。そして転居したことをよかったと思っているのです。退職と転居が重なったことで、アルツハイマー型認知症の進行を早めたのではないかと悩んだこともありました。けれど、夫自身は三重に越してきたことに満足していたのです。転居を記憶し満足していることがわかって、三重に来たことは正解だったと思いました。

正解だったと思いつつ、一方で、隣に夫を乗せているときでも私一人で運転しているときでも、三重の各地の風景が突発的に涙を誘うことがしばしばありました。夫を毎日のようにスケッチに連れ出し、夫の言動に心を砕いた記憶が風景とともに浮かんできたのです。ここを走ったとき、おかしなことを言いだして困った、このあたりを走りながら私は困り果てていた、よく一人で耐えてきた、と自分を憐れむような感傷的な気分がこみ上げ、下手をすると涙が出てしまうのでした。

自分一人のときには声をあげて三十秒ほど泣きました。三十秒泣くことを自分に許しました。そのあと、インターフェロンの副作用でこんなに気分が落ち込むのかもしれない、と考えて涙を振り払うことにしていました。

蜜月　二〇一一年

二〇一一年が明けました。夏の酷暑に参ったことをまだ引きずっていたのに、その冬は厳しい寒さに見舞われました。例年ならめったに雪は降らないのですが年末に続いてなんどか降りました。寒い冬になるだろうという長期予報を聞いて早々とスタッドレスタイヤにはき替えていたので、傾斜のきつい道も気にせず夫の面会に通いました。車の中で歌をいっしょに歌い、ときには子どもたちや二人の孫のことを話題にして話しました。そうか、そうか、と嬉しそうに聞いていてくれました。

ある日、錫杖湖に向かって走りながら、さだまさしを聴いていました。「精霊流し」「無縁坂」などに続いて「関白宣言」が流れてきました。これもよく覚えていたので夫は機嫌よく歌いました。曲の最後に近い歌詞が私の気持ちをとらえました。

お前のお陰で　いい人生だったと
俺が言うから　必ず言うから

「あなたもいい人生やったと思う?」

軽い気持ちで夫に問いかけてみました。夫は一拍置いてからゆっくりと答えました。

「そうやな、いい人生やったな」

その返事が聞けてほっとしました。夫が認知症を患っている自分の状況に苦しんでいれば、この返事は聞けないと思ったのです。軽い気持ちのまま続いて質問してみました。

「なにがあなたの人生でいちばんよかったことやと思う?」

すると夫はしばらく黙っていましたが私を指さして言いました。

「あんたと結婚したこと」

予想していなかった返事に私はうろたえました。男性である夫のことだから仕事上の成果を挙げるだろうと思っての質問だったのです。

「そんなこと言ってくれるの。ありがとう。私もあなたと結婚できてよかったわ」

答える声が涙で裏返ってしまいました。

私のほうこそ夫と結婚して幸せになれたのです。いい人生を送ることができたのです。その思いを噛み締めしばらくは言葉が出ませんでしたが、ようやく話を継ぎました。

「研究の上ではなにがよかったと思う?」

またしばらく口ごもっていましたが、言葉を探しながらたどたどしく言いました。

「いっぱい書いて、住所を書いて送った。そしたら来なさい、て」

私にはそれがなにを意味するかすぐにわかりました。リサーチ・アソシエイト（研究員）としてアメリカのデューク大学に一年間雇われたときのことです。

「あなたがアメリカに行ったときのことやね。それまでのあなたの論文をあちこちの大学に送ったのやね」

「うん、そしたら、来なさい、て」

「そうやったね。確か八つの大学に送ったのやったね。アメリカのデューク大学のクリッグバウム教授がいっしょに研究したいから来なさい、て言うてくれはったんやね」

「うん、そうや」

満足そうに夫はうなずきました。

当時の夫は自分の研究分野に近い研究をしている欧米の教授八人に自分の論文を送りました。読んで評価してもらえること、そして、運よくば、その中のだれかにリサーチ・アソシエイトに雇ってもらえることを願ったのです。承諾の返信がまちがいなく自分宛に来るように祈る気持ちで住所を書いたのでしょう。いまになってまだ住所を書いたことを覚えているのは、返信を待ち望む気持ちがいかに強かったかを表しているのでしょう。夫が三十四歳のときのことですから、三十八年前のことでした。

認知症の一般的な傾向として、最近の記憶から失われて、若いころの記憶は比較的長く保たれるといいます。そのため夫も中年以後の研究上の業績や教授になったことなどは忘れていたのかもしれません。それともまだ研究者として駆け出しのころに、なんのコネクションもない見ず知らずの研究者に、自分の論文を認めてもらえたことが大きな自信になり、その後の研究生活の精神的支柱となっていまも強く記憶に残っていたということなのでしょうか。

いずれにしても夫が自分の人生の中に誇りに思えることがあり、いい人生だったと言い切る心境にいてくれることがわかって、私の気持ちは深々と温められたのでした。

夫の老後の生活は、もし認知症を患っていなかったら送っていたはずの暮らしとは雲泥の差だったと言えます。けれど夫自身は初期のころはともかく、晩期に入り特別養護老人ホームに入所したころにはそんな比較もできなくなっていたと思われます。なんだかよく状況把握できていないらしい、という自覚はまだあったかもしれませんが、アルツハイマー型認知症にかかった悲惨さに押し潰されて自分の人生全体を否定しているわけではなかったのです。

初期のころ夫も私も苦しみとともに泣いた年月がありました。二〇〇九年に出版した『ふたたびのゆりかご　アルツハイマー型認知症の夫と笑い合う日々』（講談社）の中で、初期の混乱した年月を私は「暗黒の三年」と表現しました。哀しみと自嘲とユーモアを込めてそう表現したのですが、二〇一一年に入りようやく青空が見えてきたと言えました。抜けるような青空とはいえませんでしたが、薄日《うすび》は射していました。薄日であれ、日が射している状況にたどりつけたことをありがたいと思いながら、面会に通う日々でした。


四月の第二土曜日のことでした。その日は午前中にホームの家族会総会があったので出席し、夫との面会もして、帰宅しました。

六時すぎ夕食を終えたころに、ホームから電話がありました。夫が一人でホームから外に出ていったようで、職員が探しているが行方がわからないとのことでした。

急いで駆けつけました。

「夕飯のあと片づけのために、ユニットの扉が開けてありました。そのときにユニットを出て玄関ロビーに行かれたようです。ちょうど面会を終わって帰ろうとしていたある家族の方が、ドアロックをはずして外に出られたんです。ご主人はその方について出るかたちで外に出られたようです」

夜間は玄関わきに職員が一人配置されていて、面会者は面会用紙に住所氏名を記入してその人に提出することになっていました。夫はその職員の人にも、いっしょに出た面会家族の人にも、入所者だと気づかれずに出ていったようでした。職員は夫を面会の家族の同行者だと思ったとのことでした。

勤務が終わって帰宅している職員にも招集がかけられたようで、多くの職員がグループに分かれて各方面の捜索にあたってくださいました。

私は玄関ロビーで待ちながら、娘や息子に電話で伝えました。

日付が替わるころになっても見つかりませんでした。ここに泊めてくださいと言いましたが、そうもいかないらしく施設長の勧めで帰宅しました。

翌日はまた早朝から捜索が始まりました。私は面会のときに夫と歩いたホームのまわりの林や山地などを歩いて捜しましたが姿は見えませんでした。

息子が妻と生まれて十ヵ月の子どもを連れて京都から駆けつけてくれました。息子たちの車と私の車とそれぞれで、ホームが用意してくださった尋ね人のチラシを、スーパーやコンビニや商店や理髪店などに貼ってもらうように頼みに回りました。

昼を過ぎても見つかりませんでした。当てもなく広範囲を捜すことの限界にみなが気落ちしはじめた三時すぎ、ホームの近くのゴルフ場から連絡が入りました。ゴルフ場の隅のほうの人目につきにくい溝の中に、老人が横たわっているが、そちらの入所者ではないかという問い合わせでした。前夜、そのゴルフ場にも入所者が一人行方不明であると知らせてあったのでした。きっと夫だろう、よかった、と思うと同時に、溝の中に横たわっていると聞いて不安がこみ上げてきました。息子たちといっしょにホームの職員さんたちに案内されてゴルフ場に行きました。車なら三分ぐらいで着く近さです。

電動カートに乗せられて夫が姿を現しました。額や鼻の頭が日焼けして茶色く光っています。夜はまだ暖房がほしいようなその季節にしては、薄すぎる上着とズボンを身に着けていました。しかもそれらが汚れてしわだらけになっていました。

夫はにこにこと機嫌よく、まわりを取り囲む人たちにありがとう、ありがとう、と繰り返し礼を言いました。

みつけたのはビギナーの女性のゴルフ客だったそうです。通常ならだれも行かない、とんでもないエリアに飛ばしてしまったボールを探しに行ったら、溝の中に仰向きに嵌《は》まり込んでいる老人に気づいたということでした。その女性が近づかなかったら、従業員もほとんど寄り付かないエリアだから、発見が遅れただろうとゴルフ場の人が言いました。溝に水がなかったのが幸いしたし、日焼けするほどよく晴れていたのもよかったと、みなが幸運の重なったことを喜び合いました。

ホームに帰り介護士さんに着替えさせてもらった夫は、ベッドに横になって孫の顔を嬉しそうに見ています。どうして、なぜ、いつ、どこに、どうやって、など尋ねたいことはたくさんありましたが、夫に質問することは避けました。夫自身が前夜のことをどれほど憶えているかはわかりませんでしたが、ともかくも無事だったことに感謝しました。

二日後に夫は発熱しました。よく晴れた日だったので、朝方は放射冷却でかなり冷え込んだはずでした。長時間、薄着のまま溝の中で横たわっていたことが、夫の体に応えないはずはありません。

ホームと提携している医師の指示で、三重中央医療センターの内科を受診しました。私も同行しました。肺炎を起こしかけているから抗生剤を点滴で投与するようにとの指示でした。

認知症の人は、入院が必要な病気になっても、二十四時間の付き添いがないと受け入れてもらえないようでした。点滴の針を自分で引き抜いたり、病院内を徘徊したりする恐れがあるからとのことです。

夫はホームに戻って抗生剤の点滴を受けることになりました。点滴のあいだは私が付き添うことを申し出たのですが、ホームは看護師が責任を持ってやりますからまかせてください、とひきうけてくださいました。

夫自身は自分になにが起こったかを憶えていないようでした。そのように私には見えていました。ところが一週間ほどたったころ、面会に行った私に夫は言いました。

「ここはええなあ、柔らかで」

まだ熱があり、アイスノンをあてがわれてベッドに横たわった夫が、ベッドを撫でながら言ったのです。えっ？　と私は思いました。

「柔らかで暖《あった》かい」

嬉しそうな顔でベッドを撫でるのを見ていて私は気づきました。溝に嵌まり込んで横たわっていたときの感触を思い出しているのだろうと。

「そうやね、ここはいいねえ。柔らかで暖《あった》かで。あなた、山の中に行ってたの？」

「うん、行ってた」

「山の中で寝たの？」

「うん、虫やらアリやら這《は》いよった」

夫はこんどは自分の手の甲や腕を撫でました。

「山の中でキャンプしたの？」

「うん」

「キャンプ好きやったものね。学生のときよくキャンプしたんでしょ。また行ったの？」

夫は柔和な顔でうなずきました。

行方不明になっていたことを把握していないと思っていました。けれど、寒くて硬い溝の中に寝て、虫やアリの襲撃を受けた感覚は残っていたのでした。どんなに寒く、不快だったか、皮膚感覚で覚えていたのです。言葉では表せないけれど、心細く不安でもあったはずでした。私は涙がこぼれそうになるのを堪え、黙ってただ夫の手と腕を撫でるしかありませんでした。

それからまた数日がたった日、ベッドに腰掛けた夫が私に言いました。

「いろいろあったけど、よう、つきあってくれてるなあ」

さまざまなことがわからなくなって、一晩戸外で過ごすまでに症状が進行した人とは思えない、なんでもわかっているというしっかりした顔つきで、私の目を見て言ったのでした。一瞬、認知症が治ったのかと思えるほどのようすでした。

夫はすべてを承知して許してくれている。精神科病棟に入院させたことも、ホーム入所に踏み切ったことも、すべて、すべて、承知して、私を非難することなく許してくれている。その思いが私の裡に突き上げてきました。ごめんなさい、ごめんなさい、と胸の裡で謝っていました。

この野宿事件で夫の体力は下降線をたどりはじめました。いったんは肺炎が治ったものの、その後しばしば発熱するようになりました。そのつどホームから発熱したという連絡がきました。面会に行くと、平熱に戻っていてにこにこしています。そんなことを繰り返しました。

ホームと提携している医師にドライブに連れ出していいかを尋ねました。医師は、リスクを恐れて安静にするか、多少のリスクを覚悟で本人の喜ぶことをして生活の質を保つかは、家族の考え方次第だと言われました。私はリスク覚悟で、熱が下がっている日はドライブに連れ出しました。

戸外に出られない日は、部屋や廊下や面会用のスペースなどで歩いたり歌を歌ったりして過ごしました。いちばんよく歌ったのは童謡の「故郷」でした。

兎追ひし彼の山
小鮒釣りし彼の川
夢は今も巡りて
忘れ難き故郷

如何《いか》にいます父母《ちちはは》
恙無《つつがな》しや友がき
雨に風につけても
思ひ出づる故郷

志を果たして
いつの日にか帰らん
山は青き故郷
水は清き故郷

「あなたのふるさとは広島県の山奥やねえ、中学生のころは山の中で絵を描いてたんでしょう」

「うん、そうや」

「いかにいますかしらね、あなたの父母」

「そやな、どこにいるかな?」

「元気にしてはるかな」

「うん、元気にしてるやろ」

両親がずいぶん前に亡くなっていることを忘れてしまっていました。

「仲のいい友だちがいたんでしょう?」

「うん、なんて言うたかな」

「四年生ぐらいのときに、そのなんとかちゃんと二人でお兄さんのいる町まで歩いて行って、夜になっても帰らないから、村の人が総出で山狩りしたんでしょう。法事で集まるたびにみんなに言われるねえ」

「ふふん、そうやった」

小学生の当時に戻ったような顔で、苦笑いを浮かべました。

あるとき三番の歌詞に絡めて夫を褒めようと思いました。

「あなたも志を果たしたねえ。立派やったねえ」

すると夫が言いました。

「立派でもなんでもない。自分が好きなことをやっただけや」

自分が偉い人間だというような錯覚を持たない夫らしい言葉でした。

認知症が始まった初期のころ、自分に名誉教授の称号がないことを私のせいだと言いだしたことがありました。

「洋子はもう、おれが大学教授やったことも、なにもかも否定してるんやろう。ばかにされてなんか生きていたくない」

と私を非難しました。そんな言動もありましたが、夫の本質は、「立派でもなんでもない。自分が好きなことをやっただけや」というこの言葉が象徴していると思います。両親がずっと以前に亡くなってしまったことすら忘れたにもかかわらず、夫の本質は変わっていないのでした。

そのころから、夫をホームに入所させてよかった、と折に触れ思いました。もし在宅のまま自分の限界を超えて介護していたら、夫のよい面をこのように素直に認められただろうかと思ったのです。介護する家族が疲労困憊した状態では、認知症の人を敬愛して優しい介護をするどころか、憎しみを感じるまでに追いつめられることさえあるでしょう。入所させたことに罪悪感を懐いていたのも確かですが、入所は二人の心の蜜月を保証してくれているとしみじみ感じることが増えていったのでした。

ドライブに連れ出すことを控えねばならない日が増えていきました。そんな日は昼食時間に面会に行くようにしました。

食事は普通食からとろみのつけられたものに変わりました。お茶もむせやすいとのことでとろみがついていました。

夫は好き嫌いを言わずなんでも食べました。自分でなんとかスプーンで食べようとしましたが、時間がかかりました。トレーの上には五皿ほどの品がのっています。が、夫は一、二品しか見えていないようなので、残っている品を教えました。食べ終わるまで四十分以上かかるようになり、そのうち時間をかけてもぜんぶは食べきれなくなりました。

夫の食事介助をしていたある日のことでした。

二十人以上の入所者が居室から食事室に移動していっしょに食事をしていました。ほとんどの人はきちんといすに座って箸やスプーンを使って一人で食べられます。二、三人の人は車いすに座って、介護士にスプーンで口に運んでもらっていました。

中の一人の高齢の女性がお盆の上にエプロンを被せて食べようとされませんでした。介護士さんが「ふさえさん、お昼ご飯ですよ、よばれてくださいよ」となんども声をかけました。すると、一口だけ食べて、またエプロンを被せてしまったのです。介護士さんが根気よくなんども声をかけました。するとふさえさんの口から思いがけない言葉が出ました。

「これは弟に残しておいてやる」

弟さんもそこに入所しているわけではないのです。が、ふさえさんの頭の中では、弟さんといっしょに暮らしているという思いこみがあったのでしょう。年齢から察して、戦後の食糧難の時代に弟さんと二人でお腹をすかした経験があるのかと私は想像を逞《たくま》しくしました。

その返事を聞いた介護士さんの言葉にも私は驚き、感心しました。

「弟さんにはさっきおんなじのを届けましたからね、それはふさえさんが食べてくださいね」

ふさえさんは嬉しそうな顔でニコッと笑って、食べはじめられました。

これは、認知症とはどういう病気か、また、認知症介護はどうすればいいのか、について雄弁に物語っている気がします。

ふさえさんはどこで暮らしているかわからなくなっている。いま、自分は何歳なのかもわかっていないかもしれない。きっと弟さんといっしょに過ごしていた子ども時代に戻っているのでしょう。時間・空間・人物の見当識が損なわれていても、弟さんに昼ご飯を食べさせてあげたいという姉らしい優しさ、気遣いを見せているのです。ふさえさんに限らず、認知症の人の多くはこのように人を思い遣る気持ちをいつまでも残し続けています。

ふさえさんに介護士さんは「弟さんにはさっきおんなじのを届けましたからね、それはふさえさんが食べてくださいね」と言ったのですが、弟さんに届けたというのはウソです。そのウソのおかげで、ふさえさんは安心して食べはじめられたのです。

二〇一一年に私は『認知症介護に行き詰まる前に読む本 「愛情を込めたウソ」で介護はラクになる』という本を講談社から出版しています。

その本で私が言いたかったのは、「認知症の人をだまして金品を奪い取ったり、高額な商品を売りつけたりするウソがいけないというのは言うまでもないが、介護の日常では、愛情を込めたウソをつくことで認知症の人が安心し、その結果、介護もしやすくなる」ということでした。

忘れていることや間違っていることを指摘したくなる気持ちをおさえ、「愛情を込めたウソ」の助けを借りるなど、家族はそれまでに身につけた常識やこだわりを持ち続けたままの対応を見直して、「認知症対応モード」に切り替える必要があると提案したのです。

それを、はからずも、その日の介護士さんから見せてもらえたわけでした。

入所して一年あまりたった二〇一一年の秋ごろから、夫の衰弱が私にもわかるようになりました。痩せて、顔つきも変わりました。頬がこけ顎がとがり、そのせいか目が大きく見開かれている表情になりました。

歩くこともまっすぐ立った姿勢を保つことも難しくなっていきました。車いすでホームの広い庭を散歩したり、風が強い日はホーム内をめぐるなどして面会時間を過ごしました。

目の前にいる私のことはしっかり認識できていましたが、ホーム内のあちこちの壁面に設けられた鏡に映った二人の姿は、自分たちだと気づきませんでした。映っている姿なのか、実物のだれかがそこに立っているのか、区別ができていないようでした。

私が自分の鼻を指さして、これ、私、と言ったり、夫の鼻に指を置いて、これ、あなた、と言ったりすると、柔らかな笑顔をゆっくりと浮かべました。自分の顔も忘れてしまったのかもしれないと思えました。

娘や息子や孫たちが面会に行くと、最初の一瞬はだれだかわからないようでした。名前を言うと喜んだ顔を見せました。

言葉数も少なくなっていき、自分から積極的に話すこともなくなりました。フォークソングや童謡の歌詞も頭からどんどん消えていきました。ＣＤから歌が流れてきても、合わせて歌うことをしなくなりました。

私が話しかけることは理解できているように感じられました。うん、うん、という相槌を励みに、相変わらず夫の両親や兄姉や故郷の学校や友人たちのこと、私たちに恵まれた子どもたちや孫たちのことを、断片的に話してあげていました。

いつの日か夫は私の語りかける言葉が理解できなくなるだろう。そのときには、相槌が返ってこなくても私たち二人の思い出を私一人が語りかけよう。混濁しているだろう夫の記憶の領域に向かって語りかける私の言葉は、夢か現《うつつ》かの、ただ温かい湯気のようなものになってしまうかもしれない。そうなっても、夫はその湯気のような気配に包まれ、その温もりの中に身をゆだねてくれるだろう。そう信じて、人生の大部分を共有する夫との思い出を語りかけ、お互いの温もりの中で残されたときを過ごしていこう。そのように私は思い定めていました。

永訣　二〇一一年十二月十二日

十二月十二日の未明、ホームの介護士長さんから電話が入りました。

「少し容態がおかしいのですが」

その声は切迫感のない平静なもので、私は雲を摑むような頼りなさで具合を尋ねました。熱があって呼吸が速い、血中酸素濃度の値が低いということでした。血中酸素濃度がなにを意味するか測れないまま、時間が時間なのでいつもの発熱時の連絡とはちがうのかもしれないと思いました。数年前から、対向車のライトが眩《まぶ》しくて夜の運転は苦痛でしたが、午前三時の山道で対向車に会うこともないだろうと思い、すぐに用意をしました。

戸外は暗く、冷たい風が渡ってきていました。電話の平静な声のおかげで私も切迫感なく落ち着いて車を発進させることができました。

ホームに着くと、夫はナースセンターの隣の病室に移されていました。意識がないようで呼びかけても目を開けません。鼻腔には酸素を供給するごく簡易なチューブがあてがわれていました。

「熱が夜半から上がってきて呼吸も速くなっています。血中酸素濃度が下がってきたので連絡させていただきました」

当直の介護士長さんが電話と同じ説明をされました。

「どうなんでしょうか。また熱が下がって回復するのでしょう?」

私はそうあってほしいという気持ちを込めて尋ねました。それまでにも熱が出たという連絡をなんども受けてきて、その日か翌日に面会に行くと、アイスノンをあてがわれてベッドに横になっている夫はにこにこと私を迎え、苦痛を訴えることはありませんでした。そして、いつも二、三日で熱は下がったのでした。

「ようすを見させていただかないと、はっきりしたことは僕では言えません」

「お医者さんはどう言っておられますか」

「朝になったら診察に来られます」

介護士長さんの態度はあくまで落ち着いたものでした。私の頭はおぼつかなく、ゆっくりとしか回転しませんでしたが、いままでの発熱とはちがうのかもしれない、子どもたちに連絡する必要があるのかもしれないと思いました。

「息子や娘に連絡したほうがいいでしょうか」

「そうですね。されてもいいかとは思いますが」

時計を見ました。四時前です。

「それじゃあ、もう少しようすを見て……」

切迫しているとは思えませんでした。呼吸は速いけれど、熱が下がればまたいつものようににこにこしてくれるだろう。そう思えたのです。

「私がついていますから、他のお仕事に回ってください」

「すみません。それではまた伺いますからお願いします。なにかありましたら、ナースコールしてください」

介護士長さんは申し訳なさそうな顔で出ていかれました。

掛け蒲団の上に出ている夫の手を自分の両手で包み込み、それから撫でさすりました。温かみの感じられる手でした。

「大丈夫、あなた、大丈夫よ。きっとよくなるわ」

頰も撫でました。頰も温みが感じられました。こうして撫でさすって温めてあげれば、きっと回復する。そう思えました。

「あなた。徹さん。目を開けて。しんどいですか。徹さん」

なんどか呼びかけていると、ふいに夫が目を開けました。

「おはよう」

声をかけた私を見て、夫は柔らかな笑みを浮かべながら答えました。

「おはよう」

声にはなりませんでしたが、唇の動きでそうと知れました。ほら、ごらん、治るわ。またいまでどおり治るわ。私はそう言いながら夫の手を撫でさすりました。されるがままにしている夫はなにも言わず、ただ柔らかな笑みだけを浮かべています。その笑みが私を力づけました。

「もうすぐ朝が来るわ。そしたら熱も下がって楽になるわ。ね、徹さん」

それにはなんの反応もありませんでした。

しばらくすると私を見続けていた夫の瞼《まぶた》はゆるゆると閉じられてしまいました。先ほどまで少し速めの呼吸でしたがただ静かに呼吸しています。なにも訴えず、目を閉じて、ただただ静かに横たわっています。なんども呼びかけ手や腕や頬を撫でましたが反応はありませんでした。

ふいに私は気づきました。夫は持ち直さないかもしれない。きっと、回復する、また持ち直すとは思えない顔つきに変化してきたのでした。夫は持ち直さないかもしれない。このまま、いけなくなるのかもしれない。死を迎えるのかもしれない。はじめてそこで気づいたのでした。

窓の外が明るんできていました。

子どもたちに連絡しなければという思いが、私の頭にようやく浮かびました。

朝早い電話の向こうで、息子も娘も驚いた声を出しました。

呼吸がゆっくりになり、吸う間隔があいてきました。普通ではない間隔でした。私は覚悟を決めました。夫に覆いかぶさって胸と両腕で夫の体を包みました。

「徹さん、ありがとう。私はあなたに幸せにしてもらいました。あなたと結婚して私は幸せでした。ありがとう」

夫の呼吸はいつしか吐くだけになりました。

そして、夫の瞳が天を仰ぐ方向に一瞬見開かれ、同時に大きく息を吐いて、そのまま静止しました。

いま、夫は旅立った。そう、はっきりとわかりました。

こみ上げこぼれる涙を流れるにまかせながら私は夫の頬を撫で続けました。

私は楽観しすぎていました。前日の面会のときもまだ私のことをわかってくれていました。「赤いよだれかけをした可愛いお地蔵さんをたくさん描いたねえ。もう描かないの」と話しかけた私に、勉強したくない小学生が母親に見せるような照れた顔を見せて、首を横に振ったのでした。さらに進行して私を認識できなくなり寝たきりの日がたとえ訪れても、まだまだ三年でも五年でも生きていてくれるだろうと思っていたのです。

認知症は司令塔である脳の損傷が行き着くところまで行ってしまうと、全身の機能も衰弱の極致に達して死に至る。そのことを理屈では知っていましたが、その死がもう明日に迫っているのだとか、もういまなのだ、ということに私は気づけなかったのです。そのせいで、子どもたちが父親の臨終に立ち会えませんでした。死を見慣れていない者の悲しさと言えるかもしれません。

『徒然草』の第百五十五段を思い出します。

「春が暮れた後に夏になり、夏が終わってしまってから秋が来るのではない。春は春のままで夏の気配をはらみ、夏のうちから早くも秋の気配は流れ来ている。生・老・病・死のめぐってくることは、四季の推移以上に早い。四季の推移にはそれでも、春・夏・秋・冬という決まった順序がある。しかし死の時期は順序を待たない」

こう前置きして「死は前よりしも来《きた》らず、かねて後《うしろ》に迫れり」という有名な一文があります。「死は前からばかりは来ないで、いつのまにか後ろに迫っている。人はみな、死のあることを知りながら、死がそれほど切迫しているとは思わないうちに、思いがけずやってくる」

ひたひたと迫って来ていた夫の死に私は気づかず、不意を打たれたのでした。

あっけない別れではありましたが、今際《いまわ》のきわに苦しまず穏やかに逝けたのはなにより幸いです。デイサービスを受けはじめたころから、よく言っていた夫の言葉が耳に残っています。

「もう、いつ死んでもええ。けど、痛い痛いて苦しみながら死ぬのは嫌やなあ。朝になっても起きてきはらへんから、見にいったら死んではった、そんな死に方がええなあ」

毎月一度自宅に来られるケアマネジャーさんにもそう言って、愉快そうに笑っていたものでした。夫の希望どおり痛みも苦しみもなく逝けたのです。それは私にとっても幸いでした。もし苦しみながら逝ったなら、そのようすが長く私の記憶に残ることになったでしょう。

ホームに入所したときにホームから延命処置を望むかどうかの確認を求められました。腕を縛って点滴をしたり、酸素マスクを装着したり、挿管したり、胃瘻《いろう》を施したりといった延命処置は、家族には満足できる場合があるかもしれませんが、本人を長く苦しめることにもなりかねません。延命処置は要らないと若いころに話し合っていましたので、私たちの意思を文書に書いて提出していました。本人や家族の意志がどうであろうと、半ば強制的に胃瘻などが施されるケースがあるやに聞いていました。幸いなことに夫のホームは私たちの意志を大切にしてくださったのでした。

葬儀も夫の遺志を尊重して家族と近しい親族だけで無宗教で執り行いました。自宅のリビングに棺《ひつぎ》を安置して、まわりにたくさんの生花を飾りました。終末期に近づいてからの夫の表情はやつれて哀しいものでしたので、納棺師さんにお願いして表情を整えてもらいました。納棺師さんの腕はたいしたもので、夫は若かったころの引き締まった顔を取り戻しました。

わが家の庭にはカエデが数本植わっていますが、毎年、紅葉が遅く十二月のはじめが見頃です。その年はさらに遅れて葬儀の日に盛りを迎えました。夫が喜んだ庭の紅葉に囲まれて見送れたのはなにより嬉しいことでした。

一年後に琵琶湖の望める霊園に墓地を求めて遺骨を埋葬しました。夫は三男ですから実家の先祖代々の墓に入るわけにはいきません。そのため私たちの息子が家を建てた滋賀県の地に新たに墓地を購入したのです。いずれ私の終末は息子たちの世話にならねばなりません。墓の継承も頼まねばなりません。

二十年以上前になるでしょうか、散骨葬がはじめて行われたというニュースを知り、私も関心を持ちました。

「私も散骨葬がいいわ。海か山か、どこか気に入ったところに撒いてもらうの」

私は言いましたが夫は賛成しませんでした。

「派手派手しい葬式はいらないけど、やっぱり墓はいるよ。そこに行けば会えると思えるやないか」

そしてこうも言ったのでした。

「おれの墓には両腕で抱えられるぐらいの小さな自然石をぽつんと置いといてほしい。まわりは雑草でええ。人は自然の一部なんやから、土に還ればええのや」

自然石をぽつんと置いといてほしい、という夫の希望の実現は難しいものでした。いろいろあたってみて、ようやく気に入った石が見つかりました。蒼色や灰色の縦縞がきれいで、縦長のかたちも座りぐあいもよい水成岩です。大きさだけは夫のイメージしていたものより大きいですが、気に入ってくれただろうと思えました。

こうして夫は自分の生を生き切りました。身内に対してなので気が引けますが、ひとこと褒め言葉を遣わせてもらうなら、質素で清廉《せいれん》な一生を生き切りました。そして土に還ったのです。

人は生き、そして逝きます。私は二十三歳で父の死を、三十九歳で母の死を、経験していました。そしてこのたび、夫・徹の生と死を知り終えました。三人の死とそのあとに流れる「時」を知りました。

逝った人のこの世に刻んだものがどんなに起伏に富んだものであろうと、死はすべてを平静なものにするようです。すべてはひとしく静もれる「時」に融け込むようです。

遺された私の心の水面《みなも》には折に触れ、いやおうなく波が立ちます。なぜ自分はいまここに一人なのか、なぜ、こんなところに一人ぽつんと遺されているのか、よるべなさが惻々《そくそく》として身を包むときがあります。水面が静まることを半ば願い、半ばあらがう、はざまで揺れています。

第二部

介護職はどう認知症をケアするのか

〈三好春樹〉

認知症をどうとらえ、いかに対応すればいいのか。介護の視点から、認知症への新たな考え方と、生活を大切にするケアを提案する。

「あなたは何年の卒業ですか？」

いきなりベッドに寝ているお年寄りから声をかけられ、私は戸惑いました。なにしろ核家族の一人っ子で、それまで高齢者と会話なんかしたこともなかったのですから。

「いや、僕は……」

なんと答えたかよく覚えていないのですが、その声をかけてきたおばあさんは、私の言うことには興味を示さずに、

「まぁ、それはよく来てくれましたねぇ」と、独り言のように話し続けるのでした。

これが私の認知症老人との最初の出会いです。私がまだ二十四歳だった一九七四年の秋、場所は広島県の特別養護老人ホーム（特養ホーム）、就職して二日めの朝のことでした。

好奇心からはじまった私の介護

介護職にとっての認知症との出会いは、家族の出会いとは大きくちがっています。家族にとっての認知症との出会いは、自分の親や配偶者というかけがえのない人の変化、それも思いもかけない変化として幕を開けます。しかもそれは自分たちの人生の大きな転換の始まりなのです。

でも、私にとっての認知症との出会いは、たまたま就職したところに認知症の高齢者がたくさんいた、というものでした。ですから、「こんな人たちを相手にする仕事なんかとてもできない」

と思えば、その日のうちにも「辞めます」と言って、認知症と縁のない仕事に就くことが可能です。

もちろん、福祉の仕事を自分の使命だと感じて介護の仕事に就く人もたくさんいます。でも当時の介護現場では、いろんな事情で他の仕事には就けなくて、資格もなにもなくてもできるというので特養ホームにやってきた人がほとんどでした。

私もそのうちの一人で、過去に〝事情〟があって高校を中退していました。ですから、職業安定所に通って「中卒以上」か「高卒程度」という条件の募集要項を選んで就職するのですが、当然ながら体力や忍耐力を必要とする仕事ばかりです。その二つとも持ち合わせない私に仕事が長く続くわけがなく、特養ホームは、確か十二回目の転職先だったと思います。景気のよい時代で就職先はいくらでもあったのです。

でも私は、「ここはおもしろい」と感じました。それまでの仕事は三日働くと、「あ、自分には向いてないな」と思って、いつ辞めようかと考えていたのですが、この特養ホームでは三日後に、「これは続くな」と思ったのです。

事実、私はその後、理学療法士（ＰＴ）の養成校に入学して卒業するまでの三年間を含めて足かけ十年半、広島の特別養護老人ホームにかかわり、その後もフリーになって現在まで老人介護の仕事から足が抜けないのです。

家族にとっての認知症との出会いは「困惑」です。そのようすは第一部の多賀洋子さんの文章によく表れています。

でも、これは深刻な状況にいる介護家族の方からは叱られるかもしれませんが、介護職にとっての認知症との出会いは「好奇心」なのです。こわいもの見たさ、というと興味本位すぎる言い方になりますが、決して他の仕事では体験することのないものがあることに、私は興味津々でした。

なにしろ、それまで接したことのない高齢者が五十人もいるのです。最初は五十人ぜんぶ同じに見えます。じいさんとばあさんの区別さえつかないんです。当時の特養ホームはおばあさんもみんなショートカット。「特養カット」なんて呼ばれてました。そのほうがなにかと便利だから。もちろん職員側にとって便利なのです。職員の都合のためには、高齢者の個性なんか平気で犠牲にしてたんです。私が就職した施設はそんな乱暴な介護はしていなかったけど、それでもなかなか入所者の区別がつきません。

実は私は、その特養ホームにだまされて就職していたのでした。宿直があるということを聞かされてなかったのです。男性職員が交代で宿直すると勤務しはじめてから知りました。いまでこそ男性介護職は増えましたが、当時、私が勤めていた施設には、施設長、事務長、用務員、介護職、それに私の五人しかいませんでした（ちなみに私の肩書は「生活指導員」）。ですから五日に一回宿直がまわってきます。

宿直といっても、夜の十一時に巡回すればいいだけの管理宿直ですが、まる一日働いてそのまま施設に泊まり込み、翌日また一日働くのですから拘束時間が長くて、宿直明けの日の午後はいくら若くても疲れ気味になりました。

「施設長、宿直が多くてたいへんですよ」

そういうと施設長が、

「私も老人施設連盟の役員をやっているので東京出張が多くて、こっちにいるときにはたまってる宿直をしなきゃいかんから家に帰れないんだ」

多忙な施設長まで宿直のローテーションに入ってくれているのだから申し訳ない気持ちです。それに私がやってくるまでは男性の職員四人で交代していたというのだからもっとたいへんだったにちがいありません。

しかし私の訴えが功を奏したのか、警察官を定年退職した人に、宿直専門で二日に一回入ってもらうことになりました。

これで十日に一回の宿直です。そうなると宿直が楽しみになりました。十日に一回家を空けるのは夫婦関係にも悪くありません。少し余裕のある状態で宿直をしてみると、じつに興味深い世界を体験することになりました。昼の施設と夜の施設は別世界なんです。

「あ、あのおじいさんとあのおばあさんは仲がいいんだな」なんていう、昼間にはわからない人間関係が見えてきます。おばあさん同士の噂話も耳に入ってきます。ヒソヒソ話のつもりなんでしょうが、互いに耳が遠いもんだから大声になるのでまる聞こえです。寮母の噂が多いんです。

「○○さんは離婚して女手一つで子どもを育ててるけど、いま再婚の話があるんじゃ」

いったいこんな話をどこから仕入れるんでしょう。

就職して間もないころ、忘れられない宿直の思い出があります。確か四回目か五回目の宿直でしたから、まだ五日に一回だったときのことです。ようやく入所者五十人の顔と名前が一致したころでした。

夜の八時前、入所者を冷やかし半分、部屋から部屋へと歩いていました。驚きました。見知らぬおばあさんがベッドの上にチョコンと座っているではありませんか。

こんな入所者はいないはずだが、まだ覚えていない人がいた？　そんなはずはありません。新しい入所者がいるという情報も聞いていません。それに不思議なのは、知らない人がいるのに、同室（当時は六人部屋でした）の他のおばあさんたちも部屋に出入りしている夜勤の寮母も、まったく不審がったりしないのです。

私はすっかり混乱してしまいました。

謎が解けました。そのおばあさん、眠りにつく前にちょうど入れ歯を取りはずしたところだったんです。高齢者にかかわっている人ならわかると思いますが、入れ歯をはずすとまったくというほどの別人の顔になりますね。

鬘《かつら》をはずしたおばあさんを発見したこともありました。でもこちらは、入れ歯とはちがって、頭部が激変しても顔は同じですから、瞬時に了解して、見て見ないふりをしました。それにしても、入れ歯による顔の変化をはじめて経験したときの衝撃は忘れられません。

五十人の入所者の顔と名前が一致し、夜には別の顔があることもわかるようになると、こんどは一人一人の個性が見えてくるようになりました。言うまでもないことですが人間はみんな個性的な存在です。とくに歳を重ねれば重ねるほど、その個性が際立ち、煮つまっていくようです。老人施設はまさに「個性の坩堝《るつぼ》」と言っていいでしょう。

そして、認知症と呼ばれている高齢者こそ、その個性は際立ち、煮つまり、煮つまりすぎてコゲついたりしているように思えます。ですから認知症の介護というものも、みんなに共通した「中核症状」や一部に出現する「周辺症状」にどう対応するのかというよりも、認知症によって発揮される一人一人の個性にどうつきあっていくのか、ということではないかと思えてくるのです。

就職したばかりの私に「あなたは何年の卒業ですか?」と声をかけてきたおばあさんは竹中キクノさん。当時七十九歳であることが生活指導員室の入所者資料を読んでわかりました。生活歴を見ると、「女子高等師範学校卒」とあります。現在なら、大学の教育学部です。女学校の教師をずっと続けてこられたといいます。明治生まれの人だから、当時としてはずいぶん新しい生き方をしてきた女性だったのでしょう。二度の大腿骨頸部《だいたいこつけいぶ》骨折、つまり足の付け根の部分の骨折で長期間入院し、すっかり寝たきりと認知症になって特養に入所してこられたことがわかりました。

だから、まわりにやってきた人は、みんな自分の教え子だと思っていて、冒頭のような私への問いかけになったのでしょう。でも資料ではずっと女学校勤務のはずなのですが、なぜか私も教え子になっているのです。当時の若者はみんな髪が長くてそれが体制に抵抗する目印のようになっていました。私もその例外ではなくて長髪でしたから、女性だと思いこんだのかもしれません。

このとき私は、認知症の老人一人一人に個性があり、その個性の発揮のしかたのウラには、一人一人の生活史があるらしいぞ、と気づきはじめました。二十四歳の若き私は、認知症の高齢者に出会って、ますます興味津々でした。

認知症の人の時間意識

「認知症の人と家族の会」の、各地にある支部から講演に呼んでいただく機会があります。私の話を聞いてもらうのですが、私としては家族の方の話を聞かせてもらうことが楽しみで、しかも役に立つのです。

実のお父さんを介護されている女性から聞かせてもらった話です。お父さんは市役所勤務一筋という人で、部長職を歴任して最後には助役を務められたという方だそうです。

仕事を辞められて十年後、奥さんを癌で失ってから、少しずつ認知症の症状が出てきたといいます。最初は「なんでこんなわけのわからないことを言い張るのだろう」と腹が立って、そうとう親子げんかをしたそうです。

でも、認知症の診断をされてからの彼女の判断は素早く、迷いもないものでした。父親を在宅で介護するために会社を辞め、父親の自宅を事務所にして自営業に転じるのです。

彼女はある分野の専門家で、仕事がないということはなかったそうですが、「収入は半分以下になりましたね」とのことでした。ま、元のお給料がかなりよかったんでしょうけれど、たいした決断だと思いますね。この女性は私にこう言いました。

「夜中に物音がするんで目を覚ますと、父が着替えをしてるんです。『どうしたんですか』と尋ねると『役所に行ってくる』と言うんです。『もうとっくに市役所を辞めたじゃありませんか』とか『いま真夜中ですから』とか説得しようとするんですが、『今日は重要な会議があって、みんなが私を待っている』と真剣な顔で言うんですね。私はやり方を変えようと思いました。だって説得すればするほど真剣に言い張るんですから、やむをえず変えたんです。『それはご苦労様です。たいへんですね』と着替えを手伝うことにしました」

すごいなぁ。この本の共著者の多賀洋子さんも『認知症介護に行き詰まる前に読む本』の中で、「愛情を込めた認知症対応モードにリセットする」という表現をしています。相手の世界に合わせてあげるんです。介護職は職場のいい先輩のやり方を見て真似することで仕事をおぼえますが、よい介護家族は自分でこうした方法を手に入れるんですよね。女性の言葉は続きます。

「着替えを手伝うときは、わざとゆっくりやるんです。『大事な会議ならネクタイしなきゃいけませんね』となんども締め直すんです。そして玄関まで行ってこんどは『靴を磨くのを忘れてました。すぐやりますから』と、これもゆっくり磨いて、父が革靴をはいた途端に声をかけるんです。『おかえりなさい』。すると靴を脱いでサッと家にあがったんです」

認知症老人は、いわば「デジタル人間」です。デジタルだから瞬間瞬間に生きてるんです。私たちはアナログ人間です。過去、現在、未来という時間の流れの中に生きています。明日は仕事があるから今日はその準備をして、その準備のときにはこれまでやってきたことを参考にして動く、という具合です。

だから、「もうとっくに市役所を辞めたじゃありませんか」とか「いま真夜中ですから」というのは、そうした時間の流れを共有している者同士なら通用するのですが、「デジタル人間」の認知症の人には通じません。論理的説得が効かないはずですよね。

説得の代わりにどうすればいいかというと、役に立つのが彼女がやったような「場面転換」です。介護者も時間と空間をワープするんです。これは認知症老人の得意技ですよね。だって本人は何十年も前の働き盛りのころの自分にワープしてるんですから。だから玄関で娘に「おかえりなさい」と言われると、父親は再びワープして「いま家に帰ったところなんだ」と思ってくれるんです。

これ、「老人をだましてるんじゃないか」なんて思わないでください。だって「役場に行く」と言い張ってる本人も、途中で「なんかちがうなぁ」と気づきはじめていることが多いんです。そんなときにパッと場面転換してあげると、ほっとした表情を見せるんですよ。だからこれは「だまし」じゃなくて、「助け船」なんです。

それにしてもこれは在宅介護の強みですね。施設だとそうはいきません。大きな施設の玄関で「おかえりなさい」と言われても、とても自分の家に帰ってきたという気はしないでしょう。施設はどう見ても、なにか用があって訪れていて、その玄関は自分の家に向かって〝出ていく〟場所なんです。

でも最近は、住宅風に建てられたデイサービスやグループホームも増えてきました。少し大きめの民家を改造した事業所もたくさんあります。そんなところは在宅と同じ強みを持っていると言えるでしょう。

認知症の高齢者は子どもに似ていると、私は思います。子どもといえば私のうちには男の子が二人いますが、小さいころ、「あれを買ってくれ」と言って泣きやまないことがありました。そんなときに説得するのは逆効果でしかありません。でも、パッと上を見て空を指して「あっ飛行機！」と言えば、すぐ泣きやんで見上げます。「あー、飛んでっちゃった。また来るかな」というともう機嫌がいいんです。子どももやはり「デジタル人間」なんでしょう。とくに男の子は単純なのかもしれません。

老人介護を仕事にしている友人が、要介護の猫を飼っています。交通事故で下半身がマヒしたどこかの猫を獣医に連れていったところ、薬殺されそうになったので、見殺しにはできないと飼いはじめたそうです。

その友人が私に問います。

「人間の介護と猫の介護といちばんちがうところはどこだと思う?」

私が首を傾げていると、彼はこう言うのです。

「猫は人間とちがって、決してひがんだりしないんですよ」

介護のたいへんさが語られることが多いけど、実は介護されることのほうがもっとたいへんだと思います。多くの人は介護されていることに後ろめたさを感じます。だから、してほしい介助を素直に言いだすのを控えたりします。

でも猫は、時間がくれば散歩に連れて出ろと要求し、お腹がすけば食べ物をくれと堂々と鳴いて訴えるそうです。もちろん、介護者がどこまで介護してくれるのか試そうとして、無理難題を要求してみるなんていう、人間ならよくあるわがままもありません。

私も猫を飼っていて、十九歳まで長生きしました。猫の年齢を人間に換算する方法があるので計算してみると、百歳を超えるほどの長命でした。当然、老化現象が出ました。

容器に入れられた水は飲まない猫でした。水道の蛇口から出る水を直接飲むんです。こちらのほうが新鮮でおいしいのでしょう。

ところが歳をとって洗面台に飛び乗れなくなりました。そこで、水がほしいと私のところに来てニャーと鳴き、洗面台へ誘導するんです。そして私の介助で水を飲んでいました。ゆっくり飲むので私は終わるまで待っていられません。洗面台から降りるのは自分でできるのですが、蛇口を閉めることはできないので、これも要介助です。もちろんこれは歳をとる前からずっとですけどね。

確かに猫は、こうした要介助状態になっても人間とはちがっています。

「昔は洗面台くらい一人であがれたのに、いまじゃ飼い主の手を借りなきゃ水一つ飲めなくなってしまった。ああ情けない」とは思いません。過去の自分と現在の自分を比較するなんてことはしないんです。

「いまはこうして介助してくれてるけど、もっと歳をとっても最後までめんどうを見てくれるんだろうか。それを考えると夜も眠れない」

なんてこともなさそうです。

意識を持っているのが人間だけかどうかは、意識とはなにかという問題もあって、はっきりした結論は出ないらしいですが、時間意識があるのは人間だけだと言っていいようです。

私が若いころに読んだ本に、『ねこに未来はない』（角川文庫）という長田《おさだ》弘《ひろし》さんのエッセイがありました。犬や猫は、過去、現在、未来という時間の流れを持ってはいないでしょう。

この人間だけの時間意識があるということ、そこから認知症の人たちの問題、混乱や不安の多くが起こっているように私には思えます。

かつては自立していたのはもちろん、社会的地位もあって尊敬されていた。ところがいまの自分は要介護老人である。そんな自分は認められはしない。そこで、自己嫌悪し、ある人はまわりに暴言を吐き、ある人は自分の世界に引き籠もってしまうのではないか。

この先もっと歳をとったら自分はどうなってしまうのだろう、そこで彼らは心の中で時間の流れを止めて、瞬間瞬間に生きるようになった、というのは私の勝手な推測による心理的ドラマにすぎないでしょうか。

認知症の原因は脳だと言われています。確かに四十代からでも発症することのある若年性認知症の原因は脳にあると思われます。しかしもっと高齢になってからの認知症の多く、そして脳に原因があると思われる認知症の人でも、その不安、混乱や、周辺症状と呼ばれているものの原因は、ヒトが人間になったということに求めるべきではないでしょうか。つまり私たちが動物とちがって過去、現在、未来という時間意識を持ってしまったことにあるのではないか、と私は考えているのです。

認知症の人の空間意識

デイサービスセンターに利用者が集まってきました。

恒例の朝のあいさつが始まります。でも、厳しい顔つきのあるおじいさんだけは、丸いテーブルに着こうとせず、リビングルームをぐるぐる歩きまわっています。いつもの風景です。彼は気が向けばみんなといっしょにあいさつに参加しますが、ふだんは一人で〝回遊〟しているのです。

「いつも左回りなんですね」

月に二〜三回来てくれるボランティアの女性に言われるまでは気がつきませんでしたが、確かにこの〝回遊〟、左回りなんです。私はこのおじいさんだけが左回りなのかどうか確かめてみようと思って、他の認知症の老人の行動も観察してみることにしました。

ときどきデイサービスセンターから出ていってしまうおばあさんは、玄関を出て左へ向かうことが多いのに気がつきました。一度、出ていくおばあさんの後ろからついていったのですが、玄関を出て左、次の角もまた左に曲がったのを思い出しました。どうやら深い認知症の人が無意識に歩くときには、左回りや角を左へ曲がることが多いようです。

熊谷エイさん（八十五歳）も、手に大きな袋を持って施設の玄関を出ると迷いもなく左へ向かいました。後ろをついていくと、次の曲がり角をまた左へ曲がります。

ここで私はエイさんに声をかけます。いつもなら本人が少し疲れるくらい歩いてから声をかけます。そのほうがスッと帰ってくれることが多いからです。

でも左への道は少し傾斜があって、エイさんの足では少しおぼつかないのでやむなく声をかけたのです。

「エイさん、どこへ行くんですか?」

エイさんは私を見てはくれたものの、なにか思いつめたような表情で、

「ウチへ帰らにゃいけん」

これは施設ではよくあることで「帰宅願望」なんて呼ばれて、認知症によって起こる問題行動の一つだとされています。しかし、お年寄りが家に帰りたいのはあたりまえです。帰れない事情が理解できている人ならともかく、認知症の人が「帰る」と訴えるのを問題行動とするのは、それこそが問題だと思います。

でも「ウチに帰る」「家へ帰る」と訴えるのは施設に入所している人だけじゃないんです。在宅のお年寄りも同じように訴えて自分の家から出ていこうとします。

「家へ帰る」と訴えるのはおばあさんの特徴です。おじいさんの場合は「仕事に行く」と言い張ってむしろ家から出ていきたがることが多いようです。

家にいるのに「家へ帰る」と言う「家」とはなんでしょう。

女性だから嫁に来る前の実家のことではないかという説もありました。私もそうなのかなと思っていたのですがどうもちがうようです。

九十一歳のおばあさんを孫娘さんが見ていらしたのですが、ある日おばあさんが夕方にとつぜん家から出ていこうとしました。

「おばあさんどこへ行くんですか」

と孫娘が尋ねると、

「家へ帰るんじゃ」

「おばあさんの家はここでしょ、ここで生まれ育ったじゃありませんか」

彼女はここで生まれ育って十八歳で養子をもらったので、九十一年間この家から出たことは一度もないのです。でも、

「ここはワシの家じゃない」

と言い切るのです。


「ウチ」「家」とはいったいなんなんでしょう。どうやら自宅や実家といった実体のことではなさそうです。もちろんそれを指していることもあるのですが、その自宅や実家に帰ったとしても、認知症の人はまた「ウチへ帰る」と言いだすのです。

「ウチ」「家」は、自分がいてもいいと思える場所、いなくてはいけない役割がある場所を意味しているようです。

だから、いくら長く暮らした自宅や実家でも、いてもいい、いなくてはいけないと思えないなら出ていくことになるし、グループホームや特養に入っていても、いてもいい、いなくてはいけないと思えれば、落ち着いていて出ていったりしないことになるのです。

そうすると、お年寄りがどこに住んでいようと、その落ち着ける条件をつくってあげればいいということになります。

これは私たちにとってはありがたいことです。施設、とくに大規模施設は、実体としてはとても「ウチ」「家」と思える条件ではありませんが、それ以外の条件を整えていけばいいのです。有利な条件はたくさんあるんです。

一例だけ挙げましょう。豊かな人間関係がそれです。施設での人間関係というと介護スタッフとの関係を思い浮かべる人が多いでしょう。でもお年寄りが落ち着けるかどうかを左右するのは入所者同士の人間関係だったりするんです。それは介護職とも、そして家族ともちがった「仲間」という横の相互的な関係です。同世代で、同じような手足の障害や記憶障害を持っている者同士なのです。そうした関係がもたらしてくれる落ち着きは、介護者や家族がもたらす落ち着きとはまたちがうものだと言えるでしょう。

確かに、お年寄りは介護者を必要としています。だから、専門家が大勢かかわるほどいい介護だと思っている人がいます。でもそれは人間関係という点から見ると問題です。厚生労働省なんかも、介護現場に専門家が増えればよくなると思っていて、専門職を雇うと助成金が出るようにしているんですが、それは問題なんです。

在宅の老人にいろんな専門職が訪問に来ると思ってください。ホームヘルパーが週三回に、訪問看護師、ＰＴ、歯科衛生士がそれぞれ週一回やってくるというと、ずいぶん恵まれたいい介護状況だと思うかもしれません。

でも本人にとっては、人間関係のほとんどすべてがこうした専門家との関係で占められてしまうことになります。相手はみんな自分より若くて自立している人たちです。すると、世界で最も不幸なのは自分だということを、日々教えられていることになるのです。

もちろん、だれも来てくれないよりはいいでしょう。でも、やってきてくれるのは、自分より若くて元気で自立している人ばかりですから、やってくるたびに自分はダメなんだと思わせられるんです。専門家に囲まれている世界とは、そういう世界なんです。

要介護のお年寄りにとって、家族とはかけがえのないものです。いくら優しい介護職でも気の合う仲間でも、代わることのできない存在です。でもときに家族は、老人にとって、あるいは子どもにとってもですが、たいへん厳しい存在になります。

かつて親が自立して自分たちを育てていたころを知っている子どもにとっては、認知症になってしまった親はとても受け入れられないんです。認知症を責められたり、教育されたり、嘆かれたりしたのでは親はかないません。

そんなときにほっとできて、たとえ自立できなくても、認知症があっても、自分は生きていていいんだ、と思わせてくれるのは、仲間なんです。同じ障害老人や同じ認知症老人が自分を肯定して生きているのを見ることこそが、どんな治療より、どんな介護よりもお年寄りを落ち着かせてくれるんです。ですから、仲間がいるという、施設の持っている最大の武器を生かそうとしていない施設は、よい施設とは言えません。

施設に親や配偶者を預けている介護家族の方は、施設の担当者に「私の父（または母、あるいは夫や妻）の、施設での友人はだれですか？」と聞いてみてください。ただちに数人の名前が挙がればそれはいい施設でしょう。でも、脳のＭＲＩ（核磁気共鳴画像法）だのリハビリの評価だの、認知症スケールの点数だのはわかっても、友だちがだれかを把握できてない施設は、介護というものをおろそかにしているとみてまちがいありません。いい介護とは豊かな相互的関係、つまり多くの仲間との関係によってつくられるのですから。

そうした「関係づくりのケア」と私たちが呼んでいる方法を実践している介護施設では、「帰宅願望」で周囲を困らせる認知症の人はとても少なくなるのです。

どうやら、認知症の人たちが「ウチに帰る」「家に帰る」と訴えるのは、「家」という「空間」を求めているのではなくて、「関係」を求めているようです。

「ユニットケア」という方法論があります。従来の老人施設は少なくても五十人の老人をスタッフみんながケアするかたちでした。もちろん食堂は五十人全員が入れる大きな空間です。

それに対して、十人ずつを一単位（ユニット）として五つの空間に振り分け、スタッフもユニットごとに固定してケアしようというのがユニットケアです。もちろん食堂も、少し広めの家庭のダイニングみたいな雰囲気でユニットごとにつくられます。

これは地域の小規模なデイサービスやグループホームが、少人数のスタッフと利用者の、なじみの関係を築いてもらうことによって、より一人一人のニーズにそったケアができるようになったことに刺激されて起こった、新しい施設介護の方法論でした。

しかし私は少し批判的です。というのも、こうしたユニットケアは、せっかくの大規模施設の利点を殺してしまっているように見えるからです。

大規模施設の問題点は、以前から指摘されているとおりです。大勢をケアしようとするといかに効率よくやるかと考えてしまい、介護が〝作業〟のようになってしまいがちです。〝作業〟は人間を相手にするものではありません。〝作業〟の相手はモノです。つまり、お年寄りはモノとして扱われることになりかねません。

しかし、大規模施設にもよい点はたくさんあるのです。前述した、豊かで相互的な人間関係を得られるのもその一つです。どんなにひねくれたばあさんでも頑固なじいさんでも、入所者の中に一人くらい、スタッフの中にも一人くらいは気の合う人がいます。ところが小規模の介護事業所ではそうはいきません。

ユニットケアは、「小規模だから互いになじみの関係がつくれる」というのが利点とされていますが、実際にはその「なじみ」を選ぶことができません。おしつけられた「なじみ」では、ちょっと個性的な人が排除されやすくなります。ひねくれたばあさんや頑固なじいさんは、「適応力がない」なんて言われて、グループホームから退所させられることも少なくありません。それが小規模の弊害です。

ユニットケアはその弊害を大規模施設にまで持ち込んでるような気がします。ユニットがちがうお年寄り同士の交流がほとんどできないからです。少人数で毎日顔を合わせていると人間関係が煮つまって、「ユニット鬱《うつ》」と呼ばれる症状を呈するスタッフが現れたりもしています。

お年寄りたちが小規模の施設で落ち着いたのは、自分が生きていていいんだと思わせてくれるような人間関係を、身近に感じることができたからだと思います。それを「狭い家庭的空間」によるものと勘違いして考え出されたのがユニットケアではないでしょうか。お年寄りたちが求めているのは「空間」ではなくて「関係」なんです。

さて、この項の冒頭の話に戻りますが、なぜ認知症のお年寄りは左へ向かう傾向が強いのでしょうか。どうやら人間はだれでも本能的に左へ左へと向かうらしいのです。「左足は軸足、右足は方向を決める足」とＰＴの学校でも習いました。陸上競技のトラックもみんな左回りです。左を軸にしてカーブを曲がります。体がそのようにつくられているだけではなくて心理的にも左回りがいいようで、足なんか使わないオートバイの事故も右カーブに多いと言います。もっともこれは右利きを前提にした話ですけれど。

どうやら認知症のお年寄りは、認知症になることで、より人間の基本の部分に戻っているのだということが、こうしたことからも教えられた気がします。

行動を決めているのは「快・不快の原則」

かつて「認知症」という言葉はありませんでした。介護職はだれも、将来そんな表現をされるようになるとは思ってもいませんでした。「痴呆性老人」なんていう堅苦しい言い方も現場ではしません。「ボケ老人」「ボケた人」でした。

でも、差別的なニュアンスで使っていたかというとそんなことはありません。むしろ施設では「ボケた人」というと、イノセント、つまり、純粋で無垢《むく》な人というイメージで使っていたように思います。ま、私のいた施設だけかもしれませんが。

私が勤めていた施設では、ある日、寮母たちがこんな会話をしていました。

「こんど入所するおじいさん、どんな人？」

「そうとうボケてるらしいわよ」

「そりゃ楽しみねぇ」

といった具合です。

「こんど入所するおじいさん、どんな人？」

「ボケてなくて、しっかりしている人らしい」

「そりゃたいへんだわ」

読者のみなさんは逆じゃないかと思うかもしれませんね。しかし仕事に熱心な介護職ほど、認知症のある人のほうが好きなんです。認知症のない男性は、変にプライドばかり高くて、女性がおだてないと機嫌が悪くなる人が多いんです。おだてがうまい人は介護職にはなりません。デパートの店員とか、ホステスやホストのほうが向いてますね。

イノセント、つまり純粋で無垢というのは、普通は赤ちゃんやまだ小さい子どもについて使われる言葉です。問題行動だらけでまわりの私たち介護職を困らせる認知症老人のことを、私たちがイノセントと感じているのはいったいどうしてでしょうか。

先にも述べましたが、赤ちゃん、子どもと認知症老人は似ているところがあるんです。それも認知症が深くなればなるほど（私は「認知症が重い」といった表現は使いません。深い、と言うことにしています）。

まず、赤ちゃんも認知症老人も、人のホンネを見抜く天才です。赤ちゃんは不思議です。「今日は早く寝かせつけて夫婦で……」なんて思っていると、なかなか寝ついてくれません。明日からお母さんが仕事で出張、なんて日に子どもが発熱、というのもよく起こりませんか。大人のいつもとちょっとちがった不自然なかかわり方を察知して、お母さんを離すまいとしているとしか思えません。

認知症老人も同じです。「このおばあさん苦手だなぁ。でも仕事なんだからニコッと笑って……」なんてかかわり方をしていると、ちっとも落ち着いてくれません。

認知症の有無にかかわらず、高齢者とその孫の世代にあたる子どもとの関係がうまくいくことが多いことは知られています。高齢者とその子という親子関係は、互いにいろいろと軋轢《あつれき》があってうまくいかないことがあるのですが、もう一代下の孫とは気が合うのです。働き盛りの世代をはさんで、いまだ生産せざる子どもと、その生産から足を洗った高齢者がその共通性で手を結んでいるかのようです。

高齢者と子ども、さらには、認知症の老人と赤ちゃんとの共通性とはなんでしょうか。それは、より人間としての基本のところで生きているということではないでしょうか。

赤ちゃんや幼児の行動原則は「快・不快の原則」だと言われています。快適なときにはにこにこしていて、なにか不快なことがあると泣いて訴えるのです。「快楽原則」とも呼ばれています。

成長するにつれて、そんな単純な原理で行動することは少なくなります。親からの教えや子ども集団の中で、不快だけどがまんしようなんて考えて行動するようになります。学校の教育では集団生活のルールや道徳なんかを教えられます。快適か不快かだけで行動していたのでは社会の中では生きていけないことを学ぶのです。

こうした規範や倫理を考慮しての行動原則は「快・不快の原則」に対して「現実原則」と呼ばれています。いわば大人の原則ですね。

高齢になるということ、さらに認知症になるということは、こうして一度手にした「現実原則」を手放して、乳児や幼児のときの「快・不快の原則」へと回帰していくことではないでしょうか。

それは、社会性とか常識とかを失っていくことだと表現されることが多いのですが、私はちょっとちがった表現を用います。あえて〝「現実原則」から解放されていく〟と表現したいのです。マイナスとしてではなく、プラスとしてとらえられないかと思っているのです。

人類はより安全に生き延びるために社会をつくり、ルールや法をつくってきました。それなしでは文明も文化もなかったことでしょう。しかし、生き延びるための手段だったはずの法律や国家が、逆に人間を抑圧したり大量虐殺を引き起こしたりしていることは、歴史が教えるところです。

私たちは一人では生きていけませんから、社会の一員としてその規範を受け入れて生活しています。でもちょっと個性を発揮しようとすると社会からの同調圧力を受けたり、利益第一の会社の方針でサービス残業を強制されたりというストレスを受け続けています。

おそらく、私たち近代人は、人間の基本的なあり方から見ると、そうとう不自然に歪んだ存在なのではないでしょうか。赤ちゃんや子どもはまだ、そうした不自然で歪んだ存在になっていないもの、そして老いとはその不自然で歪んだ存在から脱していくものだと言ってもいいでしょう。だから〝解放されていく〟なのです。

認知症を、現実原則から快楽原則への回帰だと考えるといろんな謎が解けてきます。たとえば弄便です。弄便とは文字どおり、便を弄《もてあそ》ぶことです。オムツの中に出た便を手で触ってこねたり、シーツや壁に塗りつけたりする行為のことを言います。

こんなことをするともう人間じゃないかのように扱われてしまいます。看護の専門書にすら「人格崩壊の症状による不潔行為」であり、そんなことをしないように「適切な管理が必要」なども書かれていたりします。弄便する人を「抑制」つまり、「手足を縛って固定しろ」とまでは書かれていませんが、事実上、それもやむをえないと暗に言ってるようなものです。

でもこうした見方と対処法は、人間というものを「現実原則」で行動する人としか見ていないのです。人間にとっての基本とも言うべき「快・不快の原則」で見てみましょう。前述したように、快適なら落ち着いているけれど、不快なことがあると泣いたりしてそれを訴えるという行動原則です。

赤ちゃんがオムツに尿や便を出したとします。違和感や不快感があるので赤ちゃんは泣いたり、ぐずったりしてそれをまわりに教えます。オムツの取り替えによって「不快」な状態を解消し、「快適」になることを求めているのです。

高齢者、とくに認知症老人も赤ちゃんと同じようにこの「快・不快の原則」を行動原則としています。オムツをあてられていて、その中に尿や便が出たとします。当然ながら不快感がありま す。赤ちゃんならここで泣いたりぐずったりするところですが、高齢者の場合には赤ちゃんとちがって幸か不幸か自分の手がオムツに届きます。そこで自分自身の手でその「不快」を排除しようとするのです。手で便を取り除こうとして触る、するとこんどは手が不快なのでそれをシーツや壁といったまわりのものになすりつけるわけです。

私たちなら不快を感じても、「待てよ、これは便だから手で触っちゃいけない」と、行動にブレーキをかけます。でもそういった「常識」や「理性」はあとからしつけられ教育されたものです。老いや認知症では、そうしたあとから教えられたものから忘れていき、最後に赤ちゃんと同じ「快・不快の原則」が残るのです。

だとすると、私たちがすべきこと、すべきではないことも見えてきます。赤ちゃんが汚いものや危ないものに手を伸ばしたからといって「汚いでしょ」「危ないでしょ」と説教する人はいません。「常識がないわね」と叱る人もいません。

弄便という「老人の自発的不快除去行為」に至る前にそれに気づけばいいのですが、これは至難の業でした。いつもその人を見ているわけにはいきません。「ちょっと落ち着きがなくなった」という小さな変化に気づいて「ひょっとして便が出て不快なんじゃないかな」と思いあたるにはラッキーな偶然でもないかぎり難しくて、気がつくと老人とそのまわりが便まみれ、なんてことが多いのです。

そこで私は、そもそも不快な状態をつくらなければいいんだと考えました。オムツの中に尿や便を出すから不快なんです。だったらオムツじゃなくて、ちゃんと便器の中に出せばいいじゃないか、と。

でも、オムツの中に尿や便が出ていて気持ち悪がっているのを見つけるのも難しいのに、尿意や便意を感じているのを察知するのはもっと困難です。もちろん、深い認知症になると本人が「シッコ」とか「ウンチ」と教えてくれることもありません。

そこで役に立ったのが医療の勉強でした。理学療法士は医療職に分類されます。医療職の代表である医師から見れば医療職の端くれにすぎませんが、学校では医療教育を受けるわけです。それが役立った、といっても、診断や治療といった医学そのものが役に立ったわけではありません。

認知症の人たちの介護を考えるうえで役に立ったのは、医療の基礎になる解剖学や生理学でした。解剖学は骨や筋肉、内臓といった体のしくみを学ぶもの。生理学とはその体がどう機能して生命活動を維持しているのかを明らかにしてくれる学問です。

それを勉強すると、老人をいつも目を離さず観察していなくてもいいんだということがわかります。もっともそんなことは不可能ですし、できたとするとそれは管理主義的な介護現場になってしまうでしょうけど。

人はいつ便意を覚えるのか。生理学の教えるところによると、それは食後だということがわかります。胃に食べ物が入ると、胃・大腸反射という反射運動で腸全体が蠕動《ぜんどう》運動を始め、そのときに糞便を直腸に送り込んで便意が起こるのです。しかも、一日三回の食事のうちの朝食後が最も便意を感じやすいこともわかります。

考えてみればあたりまえのことですよね。私たちが毎朝、食事のあとにトイレに座りたくなるという実感を学問的に説明しているだけなんです。

でもそのあたりまえのことをだれも老人介護に使おうとしていないんです。生理学を学んでいる医師や看護師もそれを教えてくれたりしないんです。

弄便を繰り返していた田渕トシノさん（八十六歳）。特養ホームに入所して九年。落ち着いた生活をしていたのですが、その前年、同じ町出身で気の合っていた入所者の女性が亡くなり、急に現実感を失って認知症と診断され、歩くのも難しくなり、ベッドでオムツを着けていました。

私たちは毎朝食後、トシノさんを介助してトイレの便器に座ってもらうことにしました。すると、毎日とはいきませんが、ほぼ二日に一回はちゃんと便が出るんです。出るべき便は、この便器に座っているときに出てしまうものですから、当然オムツの中に便が出ることはありません。弄便の問題は解決しました。

それだけではありません。トシノさんはすっかり落ち着いてきて、弄便以外の問題行動、たとえば不眠、夜間にあげる大声（それも奇声といっていいようなかん高い叫び）、オドオドした目つき、それらがスッと消えたのです。

なぜか。便秘が治ったからでした。それまでオムツを着けてベッドの上で寝たまま便を出そうとしていたのが、便器に座ることで格段に出やすくなったのです。

まず、座るとふんばるときに使う腹筋が効率よく働き、腹圧は二倍から三倍になると言われています。さらに重力が味方をしてくれます。つまり座れば肛門の穴は地球の中心に向かうのです。重力線に沿って出せばいいことになります。

それまでは四日便が出ないと下剤を投与し、それでも出ないときは浣腸を使っていました。つまり、化学物質の力で直腸を異常収縮させて排便させようとしていたのです。でも、考えてみれば出ないのはあたりまえです。寝ている姿勢では腹圧もかからず、重力も使えないので物理的に出ません。

認知症は脳の病気であり、問題行動もその脳に起因するものと思われています。しかしトシノさんの問題行動のほぼぜんぶは便秘によるものでした。生理学を応用した排泄ケア、つまり朝食後トイレに座ってもらうという介助で、弄便を含む問題行動は消えたのです。

原因は脳ではなくて生活の中にあった。私たちがちゃんとした生活的な介護をしていなかったことこそが原因だったのです。

オムツ外しの大切さ

田渕トシノさんの弄便を〝人格崩壊による不潔行為〟としてではなくて、人間のより基本的な行動原理である「快・不快の原則」に基づいた「自発的不快除去行為」としてとらえることで、弄便はもちろん、他の問題行動も解消したという体験を、前項で紹介しました。

そのときに役立ったのは生理学でした。私たちはなぜ朝食後にトイレに行きたくなるのか、そしてなぜ座った姿勢で排便しているのか、その根拠を明らかにしてくれるのが生理学でした。

排泄はふだん、無意識に繰り返していることでした。でもそれがいかに大事なことで、こうした無意識な生活行為の繰り返しが私たちの身体機能と身体の維持、つまり健康につながっていることを確認できるのです。

私たちはつい、高齢者（脳卒中片マヒとか認知症という病気や障害を持っているとなおさらですが）は特別なやり方をしなければならないと思いこんでいます。

でも高齢だからこそ、障害や認知症があるからこそ、普通の、つまり生活的な生理学的根拠のある方法が求められているのです。

私はオムツではなくトイレで排泄してもらおうと訴え、それを「オムツ外し」と呼んできました。そうした方法に代表される新しい介護を報告し合う場として「オムツ外し学会」を呼びかけました。「オムツ外し」は新しい介護をめざす人たちの合い言葉のようになり、一九八八年に広島で開かれた最初の「オムツ外し学会」はどんどん各地に増殖していって、北は稚内《わっかない》から南は石垣島まで、さまざまな場所で開かれました。いまでも毎年各地で開かれ熱心な介護職が集まってきます。

学会といっても学会員がいるわけではなくて、だれでも安い会費で参加できます。ただ、最初から一つだけ参加条件があるんです。「先生と呼ばれないとムッとする人、お断り」。

現在、介護の世界では、私の名前も少しは知られるようになりました。でも、新しい方法論を実践しようとする介護施設、介護現場はまだまだ少数にすぎません。その少数のあいだでは、「オムツ外し」は新しい介護の合い言葉ですが、多数派の世界では別の意味で使われています。老人の問題行動としてです。

オムツカバーの中の濡れたオムツを手で引っ張り出して、シーツや着物が汚れてしまう問題行動のことなんです。もちろん、〝人格崩壊による不潔行為〟と見なされます。

でも私たちは、田渕トシノさんにかかわる中で勉強しましたから、これも「自発的不快除去行為」であるとわかります。

かつて介護現場では、こうした弄便やオムツ外しをさせないために、お年寄りに〝つなぎ服〟を着せていました。自動車整備工などが着る上下一体型の服です。オムツに手を入れられないようにするのです。それでもゴソゴソ動いて手や足の袖口からオムツを出す人もいました。よほど気持ちが悪かったんでしょうね。そのため、両手両足の袖には袖口を縛るための紐がつけられ、ファスナーは背中にありました。

いまでは手足や体を縛りつける〝拘束〟は禁止され、〝つなぎ服〟も〝身体的拘束〟だとして使用されることはなくなっています。でも、弄便やオムツ外しを〝人格崩壊による不潔行為〟ととらえる発想のままですから、どう対応していいのかわかりません。そこで、「自発的不快除去行為」をする元気すらなくすような薬が投与されるんですね。やれやれ。

「オムツ外し」について、こう評価してくれた方がいます。

「弄便をそんなふうにとらえる見方があるなんて、目からウロコでした。早速スタッフの勤務時間を変更して、朝食後に人手を増やしてトイレにお誘いすることにしました」

私の話を聞いてくれた老人保健施設の看護師さん。この人は納得するとすぐに実践に移してくれる、頼りになるベテランです。その人から、

「おしっこの場合はどうしたらいいんでしょうね。濡れたオムツを引っ張り出しちゃうお年寄りがいるんですけど」

という質問がありました。

私は看護師さんに答えます。

「それがねぇ、便の問題がうまくいくと、おしっこのほうもうまくいくんですよ」

介護現場では一回うまくいくと、何回でもやってみます。トシノさんがすっかり落ち着いたので、他の人にもあてはめてみようということになりました。

谷田ヤスヨさん、八十四歳。尿意を訴えることはないのでオムツをつけていましたが、濡れると不快感があるのでオムツをはずそうとしてしまいます。

まずは、トシノさんと同じように朝食のあとにトイレにお誘いして便器に座ってもらうことに

しました。でもヤスヨさんは便秘気味だったのもあって三日に一回のパターンです。それでも、下剤や浣腸を使わないと出なかったものが、自力で出るようになったのですから、生理学の教えは偉大です。

その三日目のことでした。「排便チェック表」を片手にヤスヨさんをトイレにお誘いし、便器に座ってもらいます。昔は洋式トイレをトイレだと思えない高齢者が多くて、座ってもらうのに苦労したものでした。座っても反対向きに座る人もいました。和式ならそうですものね。でもヤスヨさんは大丈夫。時代が変わったなと、介護現場はこんなことで実感するんです。

ヤスヨさんはカーテンの向こうできばってました。でもかなり時間がたっても便が出ないようです。

「ヤスヨさーん、今日は諦めてまた明日座りましょう」

スタッフはヤスヨさんが立ち上がったあとの便器を念のためにのぞき込みました。便は出ていません。でも、尿が出ていることに気づきました。〝大〟を出そうと思ってふんばると、たとえ〝大〟は出なくても〝小〟は出るんです。まさに「大は小を兼ねる」。

しかしこの「大は小を兼ねる」は、世界中どこでも通用するかというと、そうはいかないようです。西欧の人たちは、大を出しながらも小は出さないなんてことができるそうです。神経の走行が私たちとは少しちがっているらしいです。

私たちには不思議な感じがしますが、向こうから見ると、日本人は、〝大も小もいっしょのだらしない民族〟と映っているのかもしれません。

はたして日本人と同じ「大は小を兼ねる」のは、アジア系だけなのか、アジアならみんな共通なのか、事が事だけに外国人に尋ねるわけにもいかないので不明のままです。調査した人がいたら教えてください。でも国際的なパーティーなんかで話題にすべきことではないですから、お気をつけください。

「おしっこが出たということは、いま膀胱は空になっているということですね。じゃ安心パンツで大丈夫」とスタッフの女性。

「安心パンツ」というのは、少しくらいのおもらしなら吸収してくれるパッドが縫い込まれたパンツのこと。スタッフは三時間後にヤスヨさんを再びトイレに誘います。こうして昼間は安心パンツは着けているものの、濡れていることはまったくなく過ごすことができるようになりました。

朝食後にトイレに座って大便を出そうとするのが一日の排泄ケアの基本なんですね。大便が出ても出なくても、膀胱が空になった時点からそれぞれの排尿の間隔を考えて誘うんです。

こうやって、便だけでなく、尿もトイレの便器で出すことができるようになりました。もちろん〝オムツ外し（問題行動という意味のほうですが）〟で困ることもなくなりました。

こうなると、私たちが使ってきた本来の意味の「オムツ外し」まではもう少しです。夜寝るときには念のためにオムツを着けていました。でも、寝る前にトイレで排尿をすませて寝ると、朝までにオムツが濡れることが少なくなってきました。

とくに熟睡したときにはオムツはきれいなままでした。日中、心地よく疲れるくらいの活発な生活をしていると、ぐっすり眠れて、尿も出ないようです。それならと、日中にやっているクラブ活動にはできるだけヤスヨさんに参加してもらうことにしました。幸い、スタッフの誘いを断ったりはしないタイプでしたので、顔見知りの入所者も増え、それにつれて笑顔も増えてきました。夜のあいだにオムツが濡れていることもまずありません。

さて、ここで問題です。担当スタッフの女性はヤスヨさんに「今晩は思い切ってオムツをはずして安心パンツだけで寝てみませんか」と提案するつもりです。でもこの提案をするにはもう一つ、大事な条件が必要なんです。それはいったいなんでしょう。施設での経験が豊かな介護職ならわかるでしょうが、そうでない人も、介護家族の方も考えてみてください。

答え。「今日の夜勤はだれか」です。オムツをはずして寝ようという提案のあとに、スタッフの女性はこう付け加えるのを忘れません。

「大丈夫ですよ。今晩の夜勤さんは怒ったりしないタイプだから」

職員の提案でオムツをしないで寝たけれど気づかぬうちに尿が出ていて、安心パンツだけでは吸収できず衣類や寝具が濡れてしまった。それを職員に怒られたり、嘆かれたりしたのでは、まだオムツのままのほうがいいと思うでしょう。

だから、「オムツ外し」のタイミングは、本人の状態を考慮に入れるとともに、勤務表ともにらめっこしなければならないのです。

スタッフがみんな〝怒らないタイプ〟ならいいのですが、残念ながら人手不足の昨今、そうはいかないのが介護現場の実態なんです。

家族が介護している場合には、介護者はいつも同じ人だからこんな配慮はしなくていいですね。でも、介護する家族に余裕があるとき、元気なとき、機嫌がよいときを選んで、ということになるのでしょうか。

「生活の場の三分類」とはなにか

認知症老人の内的世界はどうなっているのか、その時間感覚、空間感覚はどう変化しているのかに私は興味を持っていました。でも学会で数字にして発表するのがあたりまえという世界では、本や雑誌で発言しても注目してくれる人はほとんどいませんでした。

そんな中で私の認知症老人についての発表をおもしろがってくれる人が現れました。それが、「序にかえて」で紹介した国際医療福祉大学大学院の教授、竹内孝仁氏です。彼はリハビリテーション医でありながら、特養ホームをはじめ介護現場にかかわってこられた数少ない医療関係者です。

その竹内氏によって提案されたのが、まったく新しい認知症の分類法でした。先に述べたように、脳で分類するのではなく、老いにともなう人間的反応として問題行動をとらえて、その反応のしかたによって分類したのです。ではその三つの分類を紹介していきましょう。

一つ目は「回帰型」と呼ばれます。マスコミなんかで取りあげられるときの認知症はこのタイプが多いようです。典型的な認知症といってもいいかもしれません。主な症状は「見当識障害」です。見当識とは、いまがいつでここはどこか、私はだれでなんのためにここにいるのか、といった認識のことですから、「見当識障害」とはそれらがわからなくなっていることを言います。

見当識障害があると、とっくに退職しているのに「会社へ行く」といって家から出かけたり、「子どもが腹をすかして待っているから」と言い張って施設を飛び出したりします。それぞれの人生の過去の時代に帰っているので「回帰型」です。家や施設から出かけてしまうのは「徘徊」、介護職の私のことを「近所のよっちゃん」と思いこんでいるのは「人物誤認」と呼ばれています。

二つ目は「葛藤型」と名づけられています。老いた自分、脳卒中になった自分を受け入れることができず、元の自分に戻ろうと努めてもそれもかなわず、自己像と現実の自分とのあいだに葛藤が起きてしまうタイプです。

これは社会的地位の高かった男性の認知症の初期に多く、現実の自分へのいらだちを、妻への暴力や介護職への暴言といった粗暴行為で表します。情緒も不安定で、それにまわりが振り回されるのが特徴です。まわりのちょっとした言動に「おれをばかにしているのか」とか「そんな子どもだましができるか」と言って反応することがよくあります。

三つ目は「遊離型」です。現実から遊離して自分の内的世界に閉じこもるタイプです。外的な世界には興味を示しません。お風呂に誘えば抵抗することなく従うのですが、自分から動こうとはしません。食事すらしなくなることがあって対応に苦労します。無為、自閉、それに進行すると出る独語、つまり独り言が特徴です。

さあ、介護家族の方は自分がかかわっている高齢者がどのタイプかを推定してみてください。介護職は自分がかかわっている認知症高齢者を三つのタイプのうち、どれかに分類してみてください。もちろんすべての人がこの三タイプに属するわけではありませんが、私はこの三分類が提案されたとき、「竹内先生は私のいた施設をのぞいていたんじゃないか」と思ったほどです。

中には、葛藤型から回帰型へ、さらに遊離型へと長年かけて移行していく人もいます。多賀さんの夫のようなアルツハイマー型と呼ばれている人や、若年性のアルツハイマー病の方もまた、あたかも葛藤型→回帰型→遊離型の順に移行していくかに見える人が少なくありません。ただ、回帰型に似ているように見えても、特定の時代空間に入り込んでいるという見当識の変化ではなくて、現在と過去の区別がつかない見当識の混乱なのだと言ったほうがいいような気がします。

私たちはこの三つの分類に応じて、どうかかわればいいか、どうかかわってはいけないかという方針を決めていきます。もちろん、一人一人の個別性を踏まえるのを前提としています。

「回帰型」では認知症高齢者の「見当識障害」の中身に注目しました。なぜなら彼らは、いまがいつか、ここはどこか、さっぱりわからないから適当な過去に回帰しているわけではないからです。回帰のしかたには法則性があるのです。それは、これまでの人生の中でたいへんだったけれど人から頼りにされていた、やりがいのあった時代に回帰するというものです。場所は当時自分が暮らしていた場所か、その近くになっています。

そしてここからは私の仮説になります。と同時に、認知症のケアが医学という枠から大きくはずれて人間学とでもいうべき広い世界に入っていくことになります。

なぜ認知症の人は、そんな時代に帰るのでしょう。彼や彼女たちは、現在の自分が自分だという気がしないのではないでしょうか。歳をとり、もの忘れをし、人の手を借りなければ生きていけなくなった自分が自分だとは思えず、心の中で過去の自分らしかった自分に戻ったのだと考えられないでしょうか。

だとすれば、見当識障害に対して、正しい見当識を教えてあげるなんて対応は、大きくピントがずれていると言わざるをえませんね。私たちは本人の見当識の変化に合わせてあげます。彼が回帰した世界に自分も入り込むのです。もちろん、人物誤認だってひきうけます。「会社に行く」と言い張り、私のことを「よっちゃん」と呼ぶ、その表現をとおして当事者がなにかを訴えていると考えるのが大事なのです。「会社に行っていたころの自分であればいいのに。あのころのような自己確認がほしい」ということではないかと私は推測します。ですから、その表現のしかたが正しくないからといって、表現欲求そのものを否定したのでは、本人には「訴えが拒否された」

と感じさせるだけでしょう。多賀さんの言葉を借りれば、「愛情を込めた認知症対応モードにリセットする」のがいい、というわけです。

と同時に私たちがすべきことがあります。それは、過去へと回帰しなくてすむような〈現在〉をつくりだすことです。歳をとり、もの忘れもし、人の手を借りているけど、自分はまぎれもなく自分だと感じられるような条件を整えてあげればいいのです。そうすれば彼らは過去に帰らなくてもよくなり、家や施設から出ていかなくてすむはずです。

「葛藤型」の人が求めているのは「特別扱い」です。自分を他の高齢者と同じに見ないでくれ、と訴えています。「特別扱い」なんかしちゃいけないと考えている頭の固い、いや、まじめな介護関係者が多いので表現を変えましょう。「個別ケア」を求めているのです、と。

でも「個別ケア」って、一人一人を特別の存在としてケアしましょうってことですものね。「特別扱い」でいいんですよ。

「他の人といっしょに楽しくレクリエーションしませんか」と誘いに行くと「そんな子どもだましができるか」「おれをばかにしているのか」という決まり文句が返ってきます。「みんないっしょ」じゃなくて、特別な役割、特別な人間関係を提案、提供してあげなければなりません。プライドが高いために、老いた自分を受け入れられなくて問題を起こすのですが、そのプライドの高さこそが問題を解決していく鍵にもなるのです。

「あなたのような方にこそ、歳をとってどう生きればいいのかという見本を、私たち若い者に見せてほしいんです」といった気持ちでつきあっていくと、落ち着いてくれる人が多かったと思います。

「遊離型」の人たちはこの現実の世界を拒否して、自分だけの世界に入り込んでいるように感じられます。お風呂に誘うと嫌がることはないのですが、意欲も興味もなさそうですし、そのうち食事さえしようとしなくなる人もいます。

そんな人に、なんとか私たちとの世界を共有してほしいと思って活用しているのが「遊びリテーション」です。遊びとリハビリテーションを合体させた造語で、楽しく遊びながらリハビリ効果もあるゲームや体操です。「風船バレーボール」や「ベンチサッカー」なんて種目が、全国の介護現場で大流行しています。

ぶつぶつと独り言をつぶやいていたおばあさんが、風船バレーに参加すると、目で風船を追いはじめ、手を出すといったシーンを何回も目撃したものです。「風船バレーボールなんて子どもだましだ」なんて言うジャーナリストや家族がよくいますけれど、それは介護現場のことをよく知らないと告白しているようなものです。そんな人たちは、将来認知症になったときにおそらく「葛藤型」に分類されるだろうと思いますよ。

「遊離型」の人たちは心を閉じています。でも人間の感覚は外界に向かって開いています。高齢者はいろんな感覚が低下していきますから、遊びリテーションのように、見る、聞く、手に触れる、体を動かすといった、多彩な感覚が刺激されるものが効果があるのでしょう。

難しい画像やデータによるのではなくて、認知症介護の現場で実際に介護している私たちが見たり聞いたり感じたりしていることで認知症の分類ができるんだ、そして、対応のしかたもそこから生まれてくるんだという体験は、介護が一つの分野として確立するための大切な一歩でした。三分類は、「硬い知性」が柔らかくなっていくための出発点なのです。

認知症ケアの七原則

問題行動を「老化にともなう人間的変化」としてとらえた三つの分類に応じたかかわり方を、前の項で述べました。この項では、どのタイプにも共通するケアの原則を提案します。認知症になってからだけでなく、認知症に追い込まないための原則でもあります。順を追って説明していきましょう。

①環境を変えるな

私は入院、入所、転居をきっかけに、一気に認知症になった高齢者をたくさん見てきました。βアミロイドがそんなに急に沈着するわけがありませんから、これだけで脳の病気説はくつがえると思いますが、どうして環境の変化によって認知症に至るのでしょうか。

一般には、高齢者は適応力が低いので新しい環境に適応できないからだ、と言われています。でも私は思うんです。適応力の低い人は、そもそも高齢者になってないんじゃないかと。八十歳や九十歳まで生きているということは、生活や価値観の大きな変化に適応できたからでしょう。でも認知症を「老化にともなう人間的変化」として考えれば、ちゃんと説明がつきます。高齢者とは、老化という人生ではじめての状況に日々適応し続けている人たちです。体力の低下、もの忘れ、人間関係の喪失……。そこへ環境の変化まで生じてしまったので、さすがの高齢者の適応力にも限界がきたのだと考えられるのです。

在宅ケアが好ましい理由はそこにあります。入所という大きな環境変化による認知症への危機を回避できるからです。でも、なにがなんでも在宅ケアでという〝在宅原理主義〟では困ります。現在の介護保険制度は在宅で重度の人を支えるにはあまりに貧弱です。介護をする家族との関係がこじれて、「関係の地獄」が毎日続いているくらいなら、施設入所によって距離を置くほうがいいでしょう。

では施設に入所することになった場合、つまり環境の変化を経験せざるをえなくなったときにはどうすればいいのでしょうか。それが原則の二番目と三番目です。

②人間関係を変えるな

物理的環境以上に高齢者に影響を与えるのは、人間関係の変化です。配偶者や友人の死をきっかけに、急速に認知症になっていった人を、私は多く見てきました。ですから、これまでのなじみの関係を断絶して、まったく新しい人間関係を築いていかねばならないといった事態は避けたいものです。

ですが、施設入所は物理的空間だけでなく、人間関係を大きく変えてしまいます。高齢者が結ぶのは、それまでの家族や近所との関係から、他の入所者や介護職との関係へと変化します。施設に入所するときには、どうすればいいのでしょうか。

方法は二つあります。一つは家族と近所の人たちの役割で、これまでの関係を入所しても継続していくことです。とくに入所した直後には、可能なら毎日でも施設に訪問してほしいと思います。入所した老人は「世間から忘れられてしまうのではないか、家族から見捨てられたのではないか」と思っています。それが、離れたのは距離だけであって気持ちが離れたんじゃないんだ、と実感できたとき、はじめて、この不自由な体で赤の他人に介助してもらいながらでも生きていこうか、と思うのです。

ただし、家族、親戚、近所のみなさんでも、施設に「慰問」には行かないでくださいね。「慰問」は病院のときに使う言葉。施設は病院ではありません。生活の場です。「訪問」がふさわしいですね。

二つ目は介護職の役割です。入所によって始まる新しい人間関係を先取りするんです。入所が決まったら、スタッフが入所前訪問をしてください。他の入所者の中に、入所予定者の同郷の人や知り合いがいたらいっしょに訪問しましょう。だれ一人顔見知りの人がいないところへ行くのは不安なものです。一人でも名前と顔がわかる人がいるだけで、お年寄りの不安が解消されることでしょう。施設併設のデイサービスの利用者の中に将来入所に至りそうな人がいたら、入所者や施設職員と顔なじみになってもらうために施設の行事に招待したりするのもいいと思います。

③生活習慣を変えるな

『実用介護事典　改訂新版』（大田仁史・三好春樹監修、講談社）で「生活習慣」の項を引いてみましょう。

> その国や地域、家族や個人が暮らしていくうえでくり返してきた様式のこと。それを通してアイデンティティを確認していることも多く、生活習慣を大切にすることは介護の原則の一つである。（後略）

そう、高齢者にとっては長く続けてきた生活習慣はアイデンティティそのものなんです。つまり、環境を変えられ、人間関係も変わり、さらに生活習慣まで変えられたのでは、高齢者のアイデンティティは崩壊せざるをえないのです。そして、回帰、葛藤、遊離といった反応を示していくことになるのです。

④介護をより基本的に

高齢者のアイデンティティにかかわる生活習慣のうちでも最も大切なものはなんでしょうか。すなわち、それを変えられると認知症に追い込まれる可能性が高いものはなんでしょう。

それは、食事、排泄、入浴という日常生活の最も基本になるものです。献立や味つけが変わるだけでもたいへんですが、ちょっと食欲がないというだけで鼻からチューブを差し込んだり、胃瘻といって胃壁に穴を開けて栄養を流し込んだりすることは、口からおいしく食べるというあたりまえの生活習慣を、根こそぎ変えられてしまうということです。

食べられなければ命にかかわる、というのが言い訳になっていますが、チューブや胃瘻で栄養補給する代償として、認知症高齢者の主体を崩壊させてしまうのではなんにもなりません。その前にやるべきことがあるはずです。

私たち介護職は、出前、外食、会食を試みます。本人や家族になにが好物だったか聞いて特別扱いをするのです。だって口から食べられるかどうかという特別な場面なんですから。三日間食事に手をつけなかった女性が、出前の鰻丼をペロリとたいらげ、その日から食欲が戻ったというようなエピソードを、いい介護現場はたくさん持っています。

オムツを当てられるということは、トイレで排泄するという、これまたあたりまえの生活習慣を断絶させられることです。オムツとオムツ交換の屈辱で、一夜にして認知症を呈した高齢者を私は何人も知っています。

介護職は「オムツ体験」をすることがあります。私もオムツを着けて、おしっこを出してみるという経験をしました。抵抗感と屈辱感で、とてもオムツの中におしっこなどできません。高齢者に安易にオムツを着けちゃいかんということを、自分の身をもって知りました。

私は介護職に「特浴体験」も勧めています。特浴とは「特殊浴槽」と呼ばれる、寝たままで入れる機械式の浴槽のことです。決して特殊浴場のことではありません。こちらを勧めるわけにはいきませんね。

特浴のことを「寝たまま入れてラクちんだ」と思っている人は、水着を着て体験してみてください。寝たまま湯に入るとお尻も足も浮いてきます。湯の外にある頭は沈もうとするので、両手でなにかを握っていないと命にかかわります。実はとても危険な入浴方法なんです。これはとても日本人が生活習慣にしてきた風呂とは言えません。私たちは、家庭と同じ風呂に入ってもらおうと訴え、実践してきました。まだまだ少数派ですが、介護老人保健施設や特別養護老人ホームでも、特浴を使わない介護現場が増えてきました。

でも、歩けない人、立てない人がどうやって普通の風呂に入るんだ、入るのはどうにかなるにしてもどうやって浴槽から出るのか、と思われると思います。決して力ずくで引っ張りあげたりはしていません。動作の生理学と浮力をうまく使った方法なら、要介護度5で体重九十キロなんていう片マヒの人でも、ちょっとした介助で安全に出入りできるんです。こんな入浴ケアを実現している職場は、辞める介護職が少ないんです。なにしろ利用者が泣いて喜んでくれるんですから。「十年ぶりに風呂に入った」と。十年間特浴には入っていたんですけどね。やっぱりあれは風呂とは認められてないんです。

介護職でなければ、水着で特浴に入ってみろとまでは言いません。ですが、ストレッチャーに乗せられて浴場まで〝運ばれる〟体験だけでもしてみてください。こわいですよぉ。デリカシーのない職員にカーブを曲がられるとほんとにこわい。八十歳や九十歳になって生まれてはじめての恐怖体験をさせてはいけません。私たちがすべきなのは「この歳でこんな不自由な体になったけど、これまでと同じような風呂に入れた。じゃあ、もう少し生きていこうか」と思えるような入浴ケアなのです。〝恐怖の機械浴〟を使っているかどうかが、いい介護現場と悪い介護現場を見分ける方法になるだろうと思います。

⑤個性的空間をつくろう

私は仕事柄、ホテルによく泊まります。最近のことですが、夜中に目が覚めて「ここはどこ?」と考えることがあります。まだ「私はだれ?」まではいきませんけれど。

これが認知症高齢者なら、夜中に目が覚めて、病院の白い天井と壁、白いシーツを眺めて「ここはどこ?」「私はだれ?」となっても不思議はないでしょう。

自宅ならそうはなりにくいはずです。なにしろ病院とはちがって、まわりを見れば私物がいっぱいあるからです。私物は物によってはその人と人生をともにしてきたものです。最も身近に自分自身を確認できるものだと言っていいでしょう。

私は「いい施設かどうかを見分ける方法はありませんか」と尋ねられることが多いのですが、いつも「部屋をいくつかのぞいて、私物がいっぱいあればいい施設、私物がまったくない施設には親を入れないこと。すでに後者のような施設に入所しているなら、すぐに連れて帰りましょう」と答えています。

「私物なんかあると他の人が盗《と》っていってトラブルになるので」という理由で、私物をいっさい認めない看護師長がいる施設がありました。こんな師長さんは病院に転職してもらうべきでしょう。いや最近は、高齢者が入院するときに「思い出のある品や家族の写真を持ってきて、ベッドまわりに置いてください」と言う病院が増えているので、こんな師長は刑務所の職員にでも転職すべきでしょうね。

⑥一人一人の役割づくり

定年で仕事をしなくなったら認知症になった、家事を嫁にまかせた途端に認知症になったという話をよく聞きます。また、認知症の人が「会社に行く」とか「子守をしに行く」と言って家や施設を出ていこうとするのもよくあることです。役割を求めている認知症老人がたくさんいます。

でも、これは日本人の特徴なんだそうです。ヨーロッパではそんな高齢者はあまり見ないといいます。仕事や自分の役割を、生きがいであり自分を実現していく手段と考える私たちと、仕事は神によって与えられた罰であり、仕事から離れた自由な時間にこそ自分を感じる西洋の人たちとの、人生観のちがいのようです。

どちらにしても、私たちがかかわっている日本の認知症高齢者は役割を持ってもらうことで落ち着くことが本当によくあります。ただし、どんな役割でもいいとは限りません。私は三つの条件が必要だと体験から考えています。

（1）昔やっていたこと、またはそれに近いこと
（2）いまの知的能力、身体能力でできること
（3）やっていることをまわりから認められること

これが「役割づくりの三条件」です。役割があるということだけではなく、それをとおして自分と他の人との関係を確認できることが大切ですので（3）が欠かせません。

⑦一人一人の関係づくり

人が落ち着くのはやはり人によってだと思います。人間関係の大切さは、七原則の二番目に「人間関係を変えるな」というかたちで提案してきました。

環境や人間関係、生活習慣をできるだけ変えないようにし、私物も増やし役割も持ってもらい、それでも落ち着かない人がいたとしたら、もう一度人間関係に注目してみてください。人間関係

を変えないというだけでなく、積極的に人間関係をつくっていくのです。

関係づくり、と言っても介護家族や介護職がうまくかかわりなさいというのではありません。むしろその逆なんです。「介護する／される」という、一方向で支配的になりやすい関係をなるべく部分化しようという発想なのです。つまり、もっと相互的な関係を増やすことで、介護者との関係の割合を少なくしたいのです。

人間関係を新たにつくることとも、人間関係を変えることですので、ただ関係づくりをすればいいわけではありません。認知症老人が切実に求めている人間関係をつくるのです。落ち着きのない高齢者にいろいろやってみて、落ち着けばそれが求めていた関係ということになりますが、その人の個性と認知症の深まり具合によって次のような人間関係が求められています。

それは、一に仲間、二つ目に子、そして三つ目が母、というものです。

認知症が深まっていくほど、仲間から子へ、子から母へと、求められている関係が変わっていくようです。どうやら「母」は人が最後に求めるもののようで、私は「介護者は最後の母である」という格言をつくったくらいです。

もちろん「母」といっても女性である必要はありません。母性的かかわりという意味です。つまり、目の前に困っている人がいれば無条件にそれを受け止めてなんとかしようとするかかわりのことです。本当に「ふたたびのゆりかご」に回帰するのです。どうも、介護現場では女性よりも男性のほうに母性的な人が多いような気がします。「やり手の女とお人好しの男」というのが介護現場を表す格言ですから。

未来は介護家族と介護職のものだ

「介護職よ、北欧よりもインドへ行こう」。これは私が毎年呼びかけている「三好春樹と行く生と死を見つめるインドの旅」のスローガンです。私は五十六歳ではじめてインド旅行をしました。五十六年間生きてきて、しかも人とはちがった波乱の人生だったこともあって、この歳でインドをこわいと感じることはないだろうと思っていました。

ところが、こわいのです。朝日が昇る前に滞在地のヴァラナシという町の沐浴《もくよく》場へと歩いていくと、掘っ立て小屋がズラリと並んでいて、その下に、人と牛と犬がいっしょに寝ています。聖地ガンジス河の日の出を見ようと、早朝だというのに各地からの参拝者でいっぱい。はぐれてはいけないので前の人に密着して歩いていると牛の糞を踏んでしまいます。下を見て歩いているとこんどは、ノラ牛にぶつかるというありさまです。

正直、ホテルへ逃げ帰りたかったのですが、一人になるともっとこわいのでそうもいかず、みんなに付いて歩きました。「これはなんだ。ハリウッド映画のセットではないのか」と思わなければ、自分がどこにいてなにをしているのか、理解できないほどでした。

それでも私は翌年、再び友人たちとインドへ行き、そのまた翌年からは、全国の介護関係者に呼びかけてツアーを始めました。それ以来毎年、年に二回も組むこともあって、すでに十一回もインドを旅しています。「なんでインドなんですか」とよく聞かれるのですが、自分自身にもよくわからないままです。でも介護職はみんなインドをおもしろがるので、リピーターが続出しています。毎回企画してくれている旅行代理店の人も、「介護関係者のツアーはみんな楽しそう。他のグループとは雰囲気がちがう」と言って不思議がっています。

なぜ私はインドに行くのか。しかも大勢の人を巻き込んでまで。つい最近になって、ようやくその理由が少しわかってきたような気がしています。

インドでは、異質なものに出会ったときに人はどんな対応をするのか、それが問われているような気がします。同じことが、人類史でも、認知症ケアでも問われていると、私は思います。

ヨーロッパ人たちが新大陸（アメリカ）で出会ったのは自分たちとは異質な原住民たちでした。「異質」は異常と見なされ、原住民たちは抹殺され、土地や森を奪われ、彼らの多様な氏族たちのほとんどは絶滅してしまいます。現在では各国政府に「保護局」ができて原住民を居留地に隔離し同一化政策を行うようになりました。でも同一化とは、固有の文化を抹殺することに他なりません。

クロード・レヴィ＝ストロース（一九〇八～二〇〇九）はベルギー生まれのフランスの文化人類学者です。彼はブラジルの原住民の集落に住みつき、その世界を内側から理解しようとします。

代表作『野生の思考』（みすず書房）で彼は、ヨーロッパ人からは「未開」「野蛮」と思われている原住民たちが、西洋とはちがう「野生の思考」を持っていることを具体的に考察し紹介しました。

いわば彼は、「異質」なものに出会ったときに「異常」ととらえるのではなく、それを「異文化」として見るという方法を示したのです。

認知症に出会った現代の私たちは、それらを病気という「異常」としてとらえ、治療しようとしてきました。しかしいまのところ治療法はありません。アルツハイマー型認知症の「症状の進行を遅らせる」がうたい文句の薬が大量に投与されていますが、現場の私たちの実感は「怒りっぽくなっただけ」。

私はレヴィ＝ストロースに倣《なら》って、認知症を「異文化」としてとらえてはどうかと思います。異文化を理解するには私たちの見方や感じ方、常識を変えなくてはなりません。自分を相対化するのです。そこにはじめてコミュニケーションが生まれる可能性が出てきます。

自分を相対化するのに必要なものが「柔らかい知性」です。専門家ほど認知症老人とのコミュニケーションが下手なのは、専門家としてのアイデンティティを確立した人ほど、知性が硬化しているからのようです。客観的に正しいとされている科学を根拠にするほど、柔軟性は失われていくのでしょう。

医者の専門的処方は必ず正しいとされていて、患者がそれを嫌がったらどうするかという選択肢ははじめから除外されています。だから、点滴や鼻腔栄養を嫌がって抜いてしまう認知症高齢者は、手足を縛られるのです。歯止めとなるべき看護や介護まで「科学」を根拠にしたがるのでは世も末です。

アイデンティティ＝自己同一性は近代人にとっては必要不可欠なものとして語られています。でも自己同一性とは、自分の中の〈非同一的〉なものを排除して成り立っているのではないでしょうか。自分の中にある異質なもの、たとえばエゴイスティックな部分、残酷さ、自分にもわけのわからない衝動などに目をつぶったものではないでしょうか。

アイデンティティを強く持った人ほど、異質な他者への差別を生み出すように思います。たとえば、日本人としてのアイデンティティを強調する人ほど他民族を差別します。男であることへのアイデンティティを声高に主張する人ほど、同性愛者といった性的少数派への嫌悪が強いのもよく目にします。

日本人であることも、男であることも偶然にすぎません。その偶然に過剰な意味を求めるのは、よほど度量の狭い人間か、極度に自己中心的な人だと言われてもしかたがないでしょう。

アイデンティティに強くこだわる人は、自分の中から出現してくる異質なものともうまくつきあっていけないでしょう。病気や障害、そして老いにともなって、私たちの内側から〈非同一的〉なものが現れてきます。そのとき、アイデンティティを組み直し、自分自身とコミュニケーションがとれるかどうか、それが問われているのです。

私がインドへ行くのは、この近代化され秩序化された日本社会で凝り固まった精神と体を、カオス（混沌）の中で解きほぐす快感を味わうためなのです。それは、かつて若かった私が介護現場で出会った〈老い〉から受け取ったものと同じだ、と感じています。

近年、介護家族の人たちの中から興味深い動きが出てきています。自分の実の父や母、義父や義母、配偶者の介護を続け看取ったあと、こんどは介護を仕事にしはじめる人がいるのです。ヘルパーの資格をとって訪問介護の仕事に就く人もいれば、自ら介護事業所をつくってデイサービスやグループホームを運営しはじめる人まで現れています。

世の中には他の業種から介護に手を伸ばす事業家や経営者がたくさんいます。「これからは高齢者は増える一方だから、もうかるぞ。しかも九割は保険から支払ってくれるんだから経営はラクだろう」と考えて介護に参入してくるのです。介護職を安い賃金で働かせ、さらにサービス残業を強制するのは大半がこうした業者です。

でも、元介護家族のやっている事業所はちがっています。そもそも介護家族の大半は、最初はやむをえず、いやいや介護を始めた人がほとんどです。ところが、次第に介護のおもしろさに気づくんです。そして要介護の家族を看取って、もう介護しなくてよくなったのに、わざわざ介護を仕事にするのです。

「こんなおもしろい仕事はない」と、みんな口裏を合わせたように言います。それは、施設に勤めていた介護職が独立して事業を始めた場合も同じです。「他の仕事は考えられない」と言うんです。

「認知症ケアについて書かれた本を紹介してください」と言われると、相手が介護職なら、私は当然、自分が書いた『痴呆論　認知症への見方と関わり学〈増補版〉』を勧めます。

同じ質問を、介護をやったことのない若い人から受けると必ず紹介する本があります。それが、『おばあちゃんが、ぼけた。』（イースト・プレス）です。著者は村瀬孝生さん。福岡県にある「宅老所よりあい」の代表です。この本は中学生以上を対象に出版されている「よりみちパン！セ」というシリーズに収められていて、小学校四年生以上で習う漢字にはふりがながふってあります。

私の次男が小学校三年生のときにこの本を読んで「大きくなったら介護職になる」と言いだしました。すぐに「ミュージシャン」に戻りましたけど。

この本の最後のほうに、詩人の谷川俊太郎さんが「ぼけの驚異」という文を寄稿しています。

この世の中には二種類《しゅるい》の人間がいます。ぼけた年寄《としよ》りといっしょに暮《く》らしたことがある人と、暮《く》らしたことがない人。

大胆ですよね。しかもこう続きます。

暮《く》らしたことがある人の中でも、うちの中の誰《だれ》かに年寄《としよ》りの世話はまかせてしまって、自分はうちの外で仕事をしてるだけの人もいて、こういう人はぼけについて頭では分かっていても、からだで経験《けいけん》しているわけではないので、あんまり面白《おもしろ》い意見は言いません。

介護家族も介護職も、谷川さんの分類では「ぼけた年寄りといっしょに暮らしたことがある人」です。圧倒的な少数派です。しかも「からだで経験している」側なのです。

私に言わせると彼らは、社会の側が〈非同一的〉なものと見なしている認知症と出会って、その〈非同一性〉を自分たちの中にも見つけた人たちなのです。

人はみな、歳をとると自分の中の「老い」、自分の中の「異文化」、自分の中の〈非同一性〉を発見することになります。そのときそれらを、あってはならないものとして排除するのは、自分自身を排除することです。

その点、私たち介護職と介護家族はいいですねぇ。そうしたものの受け止め方、そうしたものとのコミュニケーションのとり方を知ってるんですから。人生全体で見ると、こんなに得する体験はないはずです。だからこそ私は、「未来は介護家族と介護職のものである！」と言いたいのです。

第三部

対談　家族と介護職にできること

〈三好春樹×多賀洋子〉

認知症介護の負担をどう軽くするか。つらい気持ちとの向き合い方、介護職との上手なつきあい方を、著者二人が対話を通じて探る。

だれに相談すればいいのか

——認知症になって最も不安を感じ、困るのは、もちろんご本人だと思いますが、多賀さんの体験談を読みますと、家族も本人に劣らず、「夫（あるいは妻や父母など）は認知症ではないか」と思いはじめた瞬間から、いろいろな苦悩を背負うことになります。話のきっかけとしていま一度、多賀さんがご主人の異変に気づいたときのエピソードを聞かせてください。

多賀　夫の退職後、私たちは京都府から三重県に引っ越しました。その時、新居に運び込んだ家具や道具を、夫が私に相談しないで配置したり仕舞いこんだりしたのです。使い勝手が悪いから直してほしいと言っても、なかなか承知しないので口げんかになりました。それから、人づきあいを極端に避けようとしたり、疑い深くなったり、おかしなことを言い張ったり、いろいろありましたが、認知症のはじまりかもしれないとは思わずに、歳をとって頑固で偏屈な、イヤな人になってきたと思いました。

三好　認知症は、家族が気づくもっと前から始まっているものなんです。ただし、働いているときは本人が家にいないから、家族には気づかれにくい。また、多賀さんのご主人は職場で教授の立場にあるわけですから、環境を自分の思うようにできるうえ、周囲が合わせて言うことを聞いてくれます。だから、引っ越しのときまで変化が表面に出てこなかったのでしょう。

認知症に詳しい医師で、杉山孝博先生という方がいます。私が信頼する数少ない医師の一人ですが、その先生は「認知症の症状は、いちばん親しい人の前で出る」という法則を提唱しています。妻といえば、いちばん安心できるし頼りにもなる人ですよね。しかもご本人は退職されて、それまで以上に夫婦が接する時間が増えてしまうので、問題がいっぺんに出てくるわけです。多賀さんに限らず、多かれ少なかれ、家族はまず「こんなことを言ったりやったりするのは、歳のせいだ」と思うようですね。

では、「家族が認知症かもしれない」と思われるときにどうすればいいか。私は第三者があいだに入るしかないと考えています。ところが現実には、第三者でなく、親戚とか兄弟のような「二・五者」くらいの人があいだに入ることが多いんですね。でもご本人は、そうした人たちに対してはちゃんと応対できますから、親族は「認知症ではないだろう」という結論になりがちなんです。

認知症の人は、「こういう場所ではこう振る舞えばいい」というのはわかっています。その場ではちゃんとしていることが多いので、親戚ではないまったくの第三者に見てもらうほうがいいんですよ。いまならケアマネジャーなどの介護関係者が適任ということになりますが、そうでなくてもいいでしょう。老人介護に関係がある第三者でいい。そうした人があいだに入って、はじめて客観的な視点が出てくるのです。

――三好さんに質問ですが、「第三者」は医師がいいのでしょうか。それとも、そうでない介護の関係者がいいのでしょうか。

三好 医師も介護職もいろいろあります。ですから一概に言えませんが、私はちゃんと介護をやっている人を探して聞くのがいちばんいいと思います。

医師は、すべてを脳に還元する見方をします。つまり、脳は萎縮しているか、とか、脳を使うこと——たとえば計算——ができるか、とかね。認知症の検査によく使われる「改訂 長谷川式簡易知能評価スケール」には、百から七を何回か順に引き算する、という問題があります。ですが、それができなくても全然問題がない人もいれば、長谷川式スケールが満点に近くても困っている人だっているんです。だから私は、脳の萎縮は認知症の原因ではなく、結果であることがほとんどではないかと思っています。

本当に大切なのは、お年寄りが生活のどの部分でどう困っているか、なんですね。つまり介護の場合は、生活という視点から医療よりも少し広めに物事を見るんです。そのことを理解したうえで、信頼できそうで、かつ話が合いそうな介護関係者に判断してもらうのがいいでしょうね。いまは町中に事業所ができていますから、親戚や友人などをたどっていけば、一人くらいは介護関係者を知っている人がいるものです。そういった伝手《つて》の中から、いい人を紹介してもらえるのではないでしょうか。

もっとも、他人を家にあげるのは、ご家族にとっては勇気のいることだと思います。それ以後も、さまざまな介護職に家を開いていくことになりますし。介護職に家の中を見られることになるわけですね。介護を社会化する動きが進んでくると、どうしてもそういうふうに、家を開いていかざるをえないわけですが、多賀さんは、たとえばプライバシーのことなど、抵抗を感じたりしましたか？

多賀　夫の異変が顕著になったのが二〇〇二年で、介護保険の認定調査員さんやケアマネ（ケアマネジャー）さんが自宅に来られるようになったのは二〇〇六年と、かなり遅いです。夫が拒否するので専門医を受診することができなかったから、そうなったのですがね。ようやく受診できて介護保険を申請して、調査員さんやケアマネさんなどが家に入ってこられるようになりましたが、それには抵抗感はありませんでした。

だけど、地域の人たちに知られるのは恥ずかしいと思いました。変な人だと思われるんじゃないか、隠しておきたいと思ったのです。それに、認知症だとわかったら悪徳業者にだまされたりトラブルに巻きこまれたりするんじゃないかと心配でした。だから初めは隠していましたね。

三好　いまは家族会の活動もさかんで、認知症がよく知られるようになっていますから、そこまでの心配は無用でしょう。知られるのが恥ずかしいという気持ちはよくわかります。ちょっと話が逸《そ》れるようですが、介護職のあいだでは「脳卒中で左片マヒになった人の一部は性格が変わって自己中心的になる」と言われています。医学書には書かれていない話ですが、現場ではそういった経験知が共有されているんですね。認知症も同様です。対応にも慣れているはずですから、その点、介護職についていては安心していただいていいと思いますよ。

「罪悪感」とどうつきあえばいいか

多賀　いま言いましたように、私の夫の場合は結局、お医者さんにかかりまして、二〇〇六年の春にアルツハイマー型認知症という診断をもらいました。診断してもらってからは、隣近所の人たちや、夫のもとの職場の人たち、そして友人・知人に対して恥ずかしいという気持ちがなくなり、「病気なんだから、しかたない」と思えるようになりました。診断が下りてほっとしたというか、変な安堵感を覚えたんです。「病気なんだから」と、覚悟が決まったんですね。

三好　わけのわからないものにかかわるというのは、だれにとっても不安なことでどうしたらいいかわからなくなるものです。その「わからないもの」に、はっきり「病気」という判断が出ることによって、かえって安心できる面もありますよね。ありのままを受け入れ、「いまはしょうがない、できることをやっていこう」と決めるきっかけにはなるでしょう。

――ですが、診断で家族の心の重荷がすべてなくなるわけではありませんよね。

多賀　ええ。私の場合は「認知症になったのは、もしかしたら自分のせいじゃないか」という罪悪感のようなものを覚えました。私がずっと料理していた食事が原因ではないかと思ったこともありました。

――私の知っているある女性は、「夫にはさんざん苦労させられた。いまはボケてせいせいしている」と言ってました。

三好　妻の夫への介護は「仕返し介護」だという言葉があるくらいです。逆に、男性が妻をケアするのは「罪滅ぼし介護」と言われたりもします。

――家族が感じるのが罪悪感かどうかは、個別の事情によるでしょうが、ご家族の心理的な負担は無視できない問題ですね。

三好　病気と診断されることで、そういう罪悪感から解放される家族もいるはずです。最近は認知症が新聞などで取りあげられることも多くなりましたから、「うちだけじゃない」「遺伝じゃないんだ」「自分のせいじゃない。病気なんだ」といった具合に、頭の中で整理されていく。そういう意味では、診断はすごくいいことだと思います。

しかし、医療関係者にも介護職にも「ケアがこれでいいのか」という罪悪感はありますよね。率直に言えば私は、家族にも罪悪感があっていいのではないかと考えています。「ひょっとして私が原因の一つじゃないのかな」という気持ちを、介護職も家族も医療関係者もどこかで持っておくべきだという気がするんですね。みんながちょっとずつ罪悪感を共有しているほうが健全じゃないか、と思うんです。

ある有名な精神科の先生で「家族の対応が悪いからボケさせている」と言い切った人がいました。家族は「病気だから」と反論しましたが、私は「そういう（自分が原因の一つである）ことがあるかもしれない」と家族が認めればいいと思うんです。さっき言いましたが、認知症はいちばん身近な人の前で症状が強く出るんです。当然、対応は難しくなる。でも家族は素人で、どうしていいかわからないんだから、必ず適切な対応ができるとは限りませんよね。

私の見るところでは、医師など「専門家」と呼ばれる人たちが認知症を悪くしているケースが、家族の十倍はありますよ。医師の診断や介護職の対応が悪くてボケさせている事例がものすごくあるんです。

たとえば、トイレに自分で歩いていくか、オムツを使うかの二者択一という施設で、一晩でボケた人を私は知っています。オムツを着けさせられるという屈辱に耐えかねて、それまではちゃんとしていた人が、一晩たってみたらボケてしまっていた。これは明らかに介護する側の責任ですが、にもかかわらず罪悪感をおぼえないとしたら、そっちのほうがどうかと思うでしょう?

これは認知症ではなく、統合失調症の例ですが、昔この病気は「狐つき」など、いろんな呼び方をされていました。南西諸島では、闇夜か満月の夜、共同体のメンバーが寄り集まって狐つきになった本人を真ん中にし、みんな歌って踊ってそのトランス状態で治っていく、という儀式があるんです。この治療法は「あの人が苦しんでいるのは自分のせいかもしれない」「私はあの人がたいへんなのを知っていたけど助けなかった」という、みんなが持っている罪悪感を持ち寄って「あの人に治ってほしい」というまなざしを送る、ということ。それで治っていくというのもあります。

——介護家族も、罪悪感を背負い込むのではなく、ごく普通の感情なんだと受容して、他と共有できればいいのかもしれませんね。ですが、多賀さんのように一人で介護にあたっている人が、いきなり地域と罪悪感を分かち合うことはできるのでしょうか。

三好　認知症を通じて、家族には介護職やケアマネジャーがかかわります。そういった周囲のみんなが、罪悪感を共有するのが健全ではないかと思いますが、地域で共有するのは無理でしょう。いまや地域は共同体ではなくなっていますし、がんばってやっている介護事業所でも、地域からうさんくさくみられてしまうこともありますから。

あとは認知症の家族会ですね。家族会をみていると、罪悪感みたいなものもぜんぶひっくるめて、ひきうけて笑っちゃおうというところがあり、すごいなと思いますね。罪悪感を吹き飛ばしてしまうようなことを平気で口にし合うんですよ。それこそ、活字になんかとてもできないような本音やブラック・ジョークを交えて、開き直って語る場になっている。有名なところでは、兵庫県の西宮市を中心に活動している「ＮＰＯ法人　つどい場さくらちゃん」が挙げられるかな。

語り合うときは、最初はみなさん泣いているんです。一人ならたぶん、泣くだけで終わるでしょうが、大勢いると最後は泣きながら笑っているんです。人前で自分の弱いところやダメなところをちゃんと出すのが、心的外傷にならないための最もよい方法だとされています。それを出せない人がＰＴＳＤ（心的外傷後ストレス障害）になってしまうわけですが、介護家族も同じような状態になってしまう可能性があるので、できれば人前でしゃべったり泣いたりするのがいいんですよ。

多賀　私の場合は、夫がデイサービスに行きはじめた二〇〇六年ごろ、京都に本部がある家族会のことを知り、その後、入会しました。けれど三重在住ですので、会合があってもなかなか行けないんです。結局、会報を読むという参加のしかたしかできなかったのが残念でした。

でも、夫のデイサービスの代表の方やケアマネさんに話を聞いてもらえたのが、ありがたかったです。そのデイサービスでは、毎年日帰り旅行をするんですが、旅行のときに話の合いそうな家族同士を一つのグループにしてくれたのです。そこで知り合った家族との私的な集まりを、私は二〇〇九年から始めました。二ヵ月に一度くらい集まって、昼食をはさみながら三時間くらい話すんです。それぞれの悩みを出し合うんですが、はじめは暗い表情で話していたみんなが、回を重ねるうちにゲラゲラ笑いながら話せるようにもなりまして……。いちばんわかり合える人たちですから、話すことで解放感を感じられたのです。

三重県にも家族の会の支部はあります。地区ごとの毎月の会合では十人くらい集まっていました。ですが、その場で一人がしゃべれるのは、せいぜい五分か十分です。これでは、思い切り自分の悩みを出すことができません。具体的でいいアドバイスをもらえるので参加する価値はありますが、モヤモヤしているものを思い切り吐き出すためには、私的な集まりのほうが向いているなと思います。

——使い分けるという方法もあるかもしれませんね。多賀さんの、その「私的な集まり」はいまも続いているんですか？

多賀　はい。いまでは私は介護のＯＢになりましたが、その集まりは続けています。先日、夫の両親と同居して、認知症がかなり進行している八十代前半のお義父《とう》さんを介護しているＡ子さんからこんな話が出ました。お義父さんとＡ子さんの夫がキッチンのテーブルに向き合って一緒にいたので、安心して、浴室に行ってシャワーをしていた。すると、お義父さんが「おじゃましまーす」と言いながら入ってきた。びっくりして浴室のコールボタンを押して夫に迎えに来てもらった。聞いていたみんなもＡ子さんも爆笑でした。

気持ちに余裕がない人だったら、「もう、いやらしい！　こんな人の介護なんかできない」というような反応になったかもしれませんが、Ａ子さんは笑い話にできたのですね。日帰り旅行でお義父さんがどんな人だか、私たちも知っていますから、「おじゃましますって、さすが、あのお義父さんらしく、礼儀正しいわねえ」と大笑いだったのです。そして「突然なにが起こるかわからないねえ」と、怖さ半分、楽しさ半分で待っているようなみんなの雰囲気になったのです。もちろん、集まりが終わって帰宅すれば、たいへんな介護が待っているのですけど、ひとときでもわかり合える人と喋って笑うことがあるのとないのとでは、ずいぶん違いますね。

三好　人に話すこと、お互いに話すことで「私も似たようなことを体験したことがある」「自分だけじゃない」「特異なことじゃない」とゆとりができて、客観視できます。実は介護職も同じなんですよ。みんなで集まると、仕事でかかわっているおじいさんやおばあさんの話になるのは、介護職の特徴（笑）。施設を利用しているお年寄りからのセクハラなんかも、そういった場でお互いに話をして笑い飛ばしてるんです。

認知症の人との信頼関係

――初期の、夫婦げんかと閉塞感でいっぱいだった時期のことを、多賀さんは「暗黒の三年」と表現しています。ですが診断を受けたあと、たいへんな中でもご主人との関係を再構築できたのはすばらしいことだと思いました。

三好　多賀さんの原稿を読むと、認知症が深くなるほど最初のころより信頼関係が形成されていったように見えますね。

多賀　私たちの世代の男性は、人にもよるでしょうが、愛情を口に出すことをあまりしません。「黙っていてもわかるやろ」という世代です。本の中では夫の言葉を頻繁に紹介していますが、よく喋るタイプではなく、滔々《とうとう》と理屈を話すのも苦手な人でした。照れたり斜に構えたり、面子《メンツ》もあったんでしょうが、「愛してる」なんてことは一度も言いませんでした。もっとも私たちの世代では、「好きだ」とは言っても、だれも「愛してる」とは言わなかったと思いますがね。けれど、退職するまではお互い信頼しあって暮らしていたのですね。

ところが「暗黒の三年」と表現した認知症発症初期は、私が夫を好きではなくなって、非難ばかりしていましたから、夫も怒って、口げんかをよくしました。あるとき、夫が涙を流しながら

「もう死んでしまいたい。自分はつまらん男になってしまった。洋子を幸せにしてやれん」と言ったんです。それを聞いて、私はなんてダメな人間なのだろうという自分を愧《は》じる気持ちが湧きあがってきたんですね。自分を変えないといけないと思って、夫のおかしな言動を受け流し、いつも笑顔でいるように努力しました。この出来事が転機になって、夫婦としての信頼関係が取り戻せたのです。それまでに本を読んで、介護にあたる者は考え方を変えねばならないと勉強していたのも役に立ちました。

さらに進行してからは、夫はそれまで口にしなかった「ありがとう」「ごめんね」を言うようになりました。照れがなくなったようでしたね。

三好　認知症というのは、人間のいちばん基本に戻るようなところがあります。人間が裸にかえっていくということだと思いますね。社会的な衣みたいなものがなくなるんです。一生ずっと衣を背負っていこうという人もいますが、むしろそれがなくなって、ナマの自分が出せて、素直に「ありがとう」と言えるほうが健全じゃないかと思いますね。

私には、ちゃんと社会性を備えていることのほうが、人間にとっては「異文化」なんだという気がするんですよ。社会性があるほうがまっとうだとだれもが思うでしょうが、無理をしているというか、ここまで適応を要求されるいまの日本の社会の中でちゃんとやっているということのほうが、実は人間として異文化を背負い込んでいるというか……。

多賀　夫は二〇〇七年ころには、自分の中で認知症と折り合いをつけたようです。「自分は人より早く老化した。頭が悪くなったけど、もうそれは放っておいて、毎日楽しく生きることを考えよう」と口に出して言うようになりました。「ありがとう」「ごめんね」などと頻繁に言うようになったのも、そのころからだったと思います。

三好 それはすごい。折り合いをつけられない方が圧倒的に多いですよ。高学歴で地位の高かった人のほうが難しいものです。

――ご本人が自分の中で認知症と折り合いをつけるのを、支援する方法はないのでしょうか？

三好 家族や介護職が口を出すと、本人にとってはお説教になってしまうんです。ではなにができるかというと、「障害受容」というやり方があります。これは、周囲の人が、同じような病気を持っている人との人間関係づくりの媒介となったり、きっかけを提供するというものです。

これはベトナム戦争のときの話ですから、まだ一九六〇〜七〇年代のことですが、戦地に派兵されて地雷で足を失った十八〜十九歳の若者の中には、最初はへらへら笑っている人もいたそうです。これは「否認」と呼ばれるものですね。現状を否定して、いわば「これは夢だ」と思いこむ、動物的な防衛反応です。そしてそのあと、現実を認めざるをえない状態になると、神との交渉を始めようとしたり、混乱したり、周囲に当たったり、自殺しようとします。

ですがそのあと、同じように障害を持った人が、たとえば車いすでバスケットボールをやっていたり、スキーをやっている姿を見て、「自分もこういうふうに生きられるんだ」「仲間がいるんだ」と思えると、生きていくことができるようになるんです。

――多賀さんのご主人の場合は、なぜ折り合いがついたんでしょう？

多賀　デイサービスを始めるころには折り合いをつけていたようですが、きっかけはわかりません。認知症の診断が出たあとも、私から夫に「あなたは病気だから」とはいっさい言わず、医師からの告知もしてもらいませんでした。ところが、テレビで認知症についての番組をよくやるんですよね。私たちは、ニュースを見ながら食事して、それを話題に話をする習慣がありました。ひょっとすると、テレビからなにかわかったのでしょうか。一度、番組を見た夫に「認知症ってなんや？」と聞かれたことがあって、「なんやろね」と答えをごまかしたことがありました。夫はそれ以上、なにも言いませんでしたけど……。

三好　番組を目にしたり、新聞なんかの記事を見て自覚していったのであっても、それは珍しいケースです。頭のいい人には、そういう〝回路〟みたいなものがあるのかもしれません。

多賀　私は、認知症の番組が流れたときははらはらしていましたけどね。夫がショックを受けたり、悩むのではないかと心配だったんです。

告知をどうするか

――認知症の方に〝病名〟を言うべきかどうか、言うとしたらどう伝えればいいのか、という告知の問題については、お二人はどうお考えですか？

多賀　私の場合は、夫を連れて行かないで私一人で医師から診断を聞きました。告知したほうがよいかどうか尋ねたら、「病識（自分が病気であるという認識）がないのが認知症だから、告知する必要はない」と即答されました。正直、もうちょっと、ためらいとか、迷いとかないのだろうかと思いましたね。本人や家族の気持ちを考えた丁寧な説明がほしいと思ったのです。

癌と同じように告知を受けて、自分は今後どう生きていくかを、認知症の人も考えたいのじゃないか、だけど、治らない病気だから告げるのは残酷だ、と迷った末に私は告げませんでした。最近、若年性認知症の方で、告知を受けて自分の将来設計を考えて行動しているというケースがいくつかあるのを知ると、夫にも告知したほうがよかったかしらと、いまも悩みますね。

三好　癌の場合は、「必ずしも治らない病気じゃないんだ」という考え方が広まり、本人に告知して病気と闘うようになりましたよね。そう考えると、確かに認知症でもちゃんと告知するほうがいいのではないか、という考えもありそうですが、どうでしょうか。

鳥取県で「野の花診療所」というクリニックの院長をしている徳永進という先生がいます。この方が、ターミナルケア（死期が迫った人のケア）について、次のように言っています。「（余命を）告知してもしなくても、どっちであっても後悔する」と。さらに、「告知するか／しないか」ではなく、したらどうするか、しなかったらどうするか、それをちゃんと考えることのほうが大切であるというわけです。もう一つ、「伝える／伝えない」より、「伝わる」があるじゃないかとも言っている。日本的なコミュニケーションのかたちですね。多賀さんのご主人の場合は「伝わっていた」のかもしれませんよ。

――多賀さんの担当医の言葉に象徴されていると思いますが、一般には「認知症の人はなにもわからない」と思われていますよね。

三好　そんなことはないです。信頼関係があるとか、この人は頼れるとか、人の名前はわからなくても、そういったことはわかるんです。たとえば認知症の人は、差別的な人のところには行きませんよ。お年寄りが施設に来るときだって、私たちは「なにもわからない」という前提での対応はしません。入所が決まると、私たち介護職はお年寄りを訪問して入所の意志を本人に確認します。私が施設で働いていた当時は、だまされて特養に入ってくる人もよくいたんです。親族に「避難しよう」といわれて来たら特養ホームだったということもあったそうです。

お年寄りは、そういうふうにだまされたことを一生おぼえています。それではお互いに不幸になるばかりだ。諦めでもいいから、本人に納得して来てほしいんです。私は「職員には、優しい人も優しくない人もいる。団体生活だから、いろいろあります。でも、たいへんな時代を過ごしてきたのだから、がまんできないことはないと思う。どうしてもがまんできないなら、私に言って」と本人に説明して来てもらってました。

そういう訪問のときに、私はボケている入所者をいっしょに連れていくんです。私が特養のことを説明していると、いつもは「帰りたい、帰りたい」と言っている入所者が、そのときばかりは「いいところですよ」と、訪問先の人に言ってくれる。自分がなにを求められているか、よくわかっているんですね。

多賀　うちの場合は、入所に際してきちんと説明をして了解を取るというかたちではありませんでした。実はそこにいちばん罪悪感をおぼえます。自分がC型肝炎の治療をはじめることになって、最後まで在宅でケアする自信がなかったから入所を決断したわけですが、もっとあれこれ方法を考えたほうが、本人にとって本当はよかったのではないだろうか、という思いがずっと残っています。

三好　私は、なにがなんでも自宅で介護すべきだ、という〝在宅原理主義者〟ではないですが、できるかぎり環境を変えないでケアを継続するのがいちばんいいと考えています。

ですが、事情があるならしょうがない。だから、環境を変えるとしてもできるかぎり人間関係と生活習慣は継続させようという提案をしています。一度に環境、人間関係、生活習慣の三つすべてが変わるのは、お年寄りにとってたいへんなことなんです。せめて二つは変えないでおきたいものです。

「本人から同意のないまま……」という話がありましたね。私は、本人の同意というものは必ずしも言葉によるものでなく、「いつのまにかそうなっている」という同意もあるんじゃないかと思います。言葉で決めることだけが同意なのでしょうか？　そうではないでしょう。

お年寄りは、「なぜ自分が施設に入らなければならないか」ということを、けっこう理解しているものです。「家族のために」「孫のために」と、家族の状況を本人に率直に言うとわかってくれる人もいました。本人は意外と客観的に見ているようです。

それから、「困ったときの本人頼み」という方法もあるんですよ。認知症のお年寄りが落ち着かず、さんざんＢＰＳＤ（認知症にともなう問題行動）が出ると、困ったスタッフは家族に相談する。すると、家族に聞いた話から解決の糸口がつかめることがあります。ですが、解決できないこともある。そんなとき、ご本人に相談室に来てもらって、スタッフとともに会議に出てもらうんです。で、「あなたのことで困っている。どうしたらいいか、明日までに考えて答えを教えてください」と頼むと、ちゃんと次の日に本人が答えを持ってくることがあるんです。

すべてはわからなくても、認知症の人は「施設のスタッフが自分を一人前に扱っている」というのはわかるんですね。人に迷惑をかけてはいけないのだ、ということもわかっているし、自分が迷惑をかけているらしい、ということも感じられる。みごとなものですよ。

——確かに、多賀さんの体験談を読むと、認知症の人は状況をけっこう理解しているものだということがよくわかります。たとえば、ご主人は最後まで優しさを失わなかったんですよね。

多賀　はい。亡くなる半年ほど前、夫が「いろいろあったけど、よう、つきあってくれてるなあ」と言ってくれたんです。そのときは、一瞬「治ったのかな？」と思ったほど普通の顔で言ったので、びっくりしました。

三好　認知症の人は、家族の気持ちなんかも意外とわかっているんですよ。自分が迷惑をかけているところなんかについて、状況を客観的に判断しているものです。ですから、率直に言うのが一番だと思います。すると自動的に伝わっていくんでしょう。

余談ですが、「夕方症候群」という言葉がありますね。これは、夕方になると認知症の人が「家に帰る」と言いだして、落ち着きがなくなるという現象をさしていますが、逆に午前四時ごろに頭が冴えることがあるんですよ。認知症でまったく状況がわかっていないおばあさんが、その時間に、ケアにあたっている施設スタッフに対して「どうもありがとう」と、ちゃんとお礼を言った、なんてエピソードがあります。そんなふうに、早朝に思いがけないことを言ったという逸話を、夜勤の人から聞きますね。

——そういうお話を聞くと、いろいろ情報が出るようになったわりに、認知症はまだ理解されていないと痛感します。

三好　されていないと思います。だから、司法が介護に絡む事案を扱うと、現実離れした判決が出てしまう。先日の、某鉄道会社が介護家族に列車遅延の損害賠償を求めた裁判とか、デイサービスの転倒・骨折に関する裁判なんかがそうで、国が定めた基準どおりの人員配置をしていようが、家の人がいかに努力しようが、家族や施設の監督責任が問われてしまうんです。

「暴力」「権力」としての介護

多賀　本書でも少し触れましたが、夫の母は認知症で亡くなったんです。そのとき、兄姉たちの中で介護にあたったのが、夫の兄夫婦でした。認知症介護を経験した義兄は、弟――つまり、私の夫――が認知症になったのを見て、私にメールでこう伝えてきたことがあります。「変な病気になるよりはましだから、つとめて気にしないで暮らしてほしい」と。

そのとき私は、義兄は私のしんどさをわかってくれないと反発したんですけど、いまになって思うと、義兄の言ったことのほうが正しかったんだなあと感じますね。そのうえで三好さんの考えなどを知ると、ますます、義兄はよくわかっていたと思います。

――わざと悪い言い方をすると、「認知症＝ばかになる、人格が崩壊する」というイメージが、一般にはあります。それに対してまったく異なった見方を三好さんが提供しているところに、多賀さんは興味を感じているのでしょうか。

多賀　認知症が進行していくことを「壊れていく」と表現する人があって、私は違和感を持っていました。ほとんどの認知症の人が、まわりを思い遣る優しさや、他人の役に立ちたいという気持ちをずっと持っておられることを見て知っていますから、人格の崩壊とは思っていませんでした。そこへ、三好さんの見方を知って、ああ、これだ、と思ったのですね。

三好さんはクロード・レヴィ＝ストロースの『野生の思考』という本を取り上げて、彼が「異質」なものに出会ったときに、それを「異常」と捉えるのではなく「異文化」として見るという方法を示したことを紹介し、認知症を病気という「異常」と捉えるのではなく、「異文化」と見てはどうかと書いておられます。

「異文化」というとわかりにくいですが、介護する側が、それまでの自分の見方、感じ方、常識を見直して、認知症の人の言動を受け入れるということではないか、と思いました。それは認知症の人に対して非常に優しい接し方ですよね。と同時に、認知症の人に限らず人が他人と関わるときに、この考え方、包容力というのでしょうか、これをベースにすればよいのだと教えられました。

もう一つ、私が衝撃を受けたのは、「存在としての暴力」という言葉でした。介護される人にとって、介護する人の存在自体がある種の脅威になっているということですね。これも三好さんの認知症の人の側に立った優しさの表れだと思います。

三好　認知症の人は、デイサービスに来ても初日は落ち着かないんですよね。私なんかは慣れてるもんだから、教科書に書いてあるとおりに目の高さを合わせてスキンシップしながら昔話なんかするんですが、それでもお年寄りは、三分とじっとしてないんですよ。

そこへもう一人、認知症の人がやってきて、ソファーの上でぴたっとくっつくように座って、二人で三十分くらいずーっとしゃべってるんです。私は三分ともたなかったのに。不思議でしょうがないからそばに行って、話を立ち聞きしてみると、まったく会話が成立してないんですね。そこで「なにがちがうんだろう」と考えて、雰囲気ではないかと気づきました。認知症の人にとって、話している相手も同じ認知症だと、脅威ではないんですよね。

ところが介護者っていうのは、介護される側から見れば、頭がしっかりしていて、力がある人なわけです。だから、なにもしなくても、優しい言葉を使っていても、脅威になってしまう。当時の私のような、優しい美青年が対応してもそうなっちゃう（笑）。専門家や介護職がしゃしゃり出ていくよりも、老人にとって脅威じゃない関係をつくるほうが、はるかに老人が落ち着くんですよ。

同じことは、いろんな立場のお年寄りにもあてはまるでしょうね。寝たきりの人から見れば、我々は空を飛べるスーパーマンみたいに見えるかもしれないし、認知症の人からは天才ばっかりに見えてしまうかもしれません。こんなふうに、介護者はそこにいるだけで、ある「権力」を帯びてしまうんです。だから私は「介護ってこわいなあ」と思うんです。紙一重のちがいで天使にも悪魔にもなれるから。

認知症のBPSDの一つに「暴力」が含まれることは、多賀さんもご存じでしょう。それについて私は講演で、来てくれた人に「認知症のお年寄りが怒ってあなたに杖を振り上げ、いまにも殴りかかろうとしています。さて、介護職として正しい対応はなに？」と問うことがあります。

答えは「逃げる」。介護者は存在そのものが相手にとって脅威なんだから、力ずくで止めようとしちゃいけません。お年寄りはそんなに機敏に動けないでしょうから、杖を振り上げようとする隙に、全力で走ってその場から去ればいいんですよ。もちろん、場合によっては腕や体を使って、暴力を抑える必要がありますけど。たとえば、他の老人に対する暴力だったらね。

介護職のいい対応・悪い対応

三好　ところで多賀さんは、介護でも医療でもいいのですが、関係者の言動でイヤな思いをされたことはありますか？

多賀　夫は病院を二ヵ所、施設を五ヵ所経験しました。認知症なんだから、当然それぐらいのことは起こるだろうといった予測のもとに介護をしてほしいと家族は思うものですが、本人が叱られたり、私に迷惑そうな顔を向けられたりしたことがあって、イヤな思いをしました。たとえば、掃除用のバケツの中に便を排泄したとか、送迎車のなかの消火器をさわった、とかですね。後者のときは、その場ではそのスタッフの方に何も言えなかったのですが、あとで、施設長に要望しました。施設長がそのスタッフを指導されたようで、さわれるところに消火器を置かないように改善されました。

私が直接言えばいいのかもしれませんが、夫の目の前で言い合いになったりすると、夫が混乱したり不安になったりしないかと恐れたのです。それに根底には、たいへんな介護を家族に代わってやってもらっているという感謝の気持ちがありましたし、スタッフの方たちと仲よくしていたいと思いました。

余談になりますが、施設によっては、他の仕事を定年退職した人が送迎にあたることがあるようで、この人は介護の勉強をしていないのじゃないかと思ったことがあります。

三好　うーん、現場に余裕がなさすぎるんでしょうね。現場の介護職には、そういったバケツへの排泄や消火器といった程度の、生死に直結するわけではないできごとなら、笑顔で話せるくらいになってほしいですけどね。だいたい、デイサービスの送迎なんて、私に言わせればケアを提供する絶好の機会なんですよ。助手席に座ってもらえば、自然にお年寄りと横並びで座れるでしょう?　すると、「今日は調子、どうですか?」なんて話がしやすくなる。そういうチャンスを逃さないでほしいなあ。

多賀　夫が特養ホームから出て行ってしまって、一晩戸外で過ごしてようやく見つかったことがありました。翌日、面会に行って夫と話している私に、ホームのある看護師さんが「きつく叱っておきましたから」と言われたんですね。心配して神経を擦《す》り減らした私への慰めの気持ちからだろうとは思うのですが、この看護師さんは認知症介護のことをわかっておられるのかしら、と思いました。

三好　本人には「叱られた」という感覚だけが残って、言われた内容は忘れてしまうのにねえ。そもそも、八十や九十の人を叱っちゃいかんですよ。子どもの世界には、「七歳までは神のうち」という言葉がありますが、私たちも「八十すぎたら生き仏」なんて言葉をつくったんです。もう仏様なんだから叱るな、寝たいときに寝て、食べたいときに好きなものを食べてもらえばいいじゃないか、と思いますけどね。

多賀　ある時、施設に迎えに行くと、夫がいる目の前でスタッフの人に「リフレッシュできましたか?」と聞かれたんです。「リフレッシュしなければいけないほど妻は自分から離れたがっているのか」と夫が思うのではないかと、はらはらしました。私への善意の言葉かけだったろうとは思うんですが、本人の目の前でされてしまうと……。

三好　本人は認知症だからわからないだろうと、そのスタッフは思ってるんでしょうけど、ニュアンスが伝わってしまったりしますからね。では、逆に嬉しかった言動はありますか?

多賀　親切な報告をしてもらえたときですね。単に、食事をどの程度食べたか、とか、排泄があったかどうか、などの事務的な報告だけの施設もあったのですが、本人がどういう気持ちで過ごしたか、どんな会話があったかを、細かくノートに書いて報告してくださる施設があって、それはとても嬉しかったですね。そのノートから信頼関係を結ぶことができました。

これはある若年性認知症の夫を介護している方から聞いた話ですが、夫は若くて足腰がしっかりしているからいつも施設内を歩き回っている。あるとき高齢の女性にぶつかって転倒させてしまった。そのとき、困ったことが起こったというのをきちんと報告してもらえて、しかも「散歩にお連れしたら落ち着かれました」と書かれていて、とても嬉しかった、と言われました。施設のスケジュールどおりではなく、本人の状態に合わせた個別対応をしてもらえるのは、とても嬉しいですね。

三好　困ったことがあったときにどう対応するかが、介護職の腕の見せどころです。認知症の人だって散歩したいときがあるし、目的があって歩くこともあります。目的を持って歩いている人は、認知症であっても目の焦点がしっかりしているし、姿勢もピッとよくなる。これはもう「徘徊」ではなくて「自発的運動療法」です。なんでも症状扱いしてはいけませんよね。

多賀　これも別の方の話ですが、デイサービスの施設長に「協力して最後までいっしょにがんばりましょう」と言われたのが嬉しかったそうです。自分が歳をとって体力が落ちていくから、実際に最後までがんばれるかどうか、正直なところ自信はないけれど、「最後までいっしょにがんばる」という気持ちでいてくださるのがわかったことが嬉しい、とのことでした。

三好　家族と介護職の関係の難しさは、いまは家族が「消費者」で介護職が「サービス提供者」になっちゃったところにあると思うんです。でも、介護は単なるサービス業ではないんです。介護職は、家族がいちばん困っているときに、いっしょになって「どうしようか」と困った経験があると、その家族と〝戦友〟になれると思うんですね。解決策なんかなくていいんです。というより、ベストなかたちでは解決しないことが多いでしょうが、「いっしょに困った」ということが共通項になって基本的な信頼関係ができれば、あとで多少なにかがあってもうまくいくのではないかと思います。

多賀　私はホームにできるだけ頻繁に面会に行くようにしていました。玄関やユニットの入り口に、スタッフの方たちの顔写真と名前が紹介されていましたから、それを見て、かかわってくださる十人ほどの介護士さんや、他のスタッフの方の名前を覚えました。そして、面会に行ったとき、「○○さん、ありがとうございます」とお名前を呼ぶことにしたんです。そうすると、介護士さんたちがすっと心を開いてくださるような感じがあって、「今日はご機嫌がよかったですよ」「今日はこんな話をしました」というようなことを、お話ししてくださいました。抽象的な「介護士さん」ではなくて、それぞれ特徴を持った「○○さん」という介護士さんと人間関係を結ぶほうがいいように思いました。

三好　老人もいっしょです。「利用者」とか「要介護者」とか、そういった言葉でくくってしまうのではなく、名前という固有名詞で個別に認識するのが基本。介護職も十把《じっぱ》一絡《ひとから》げでただの労働力として扱われたら、そりゃあやる気だってなくなるし、モラルだって低下しますよ。個性を発揮してこその介護なんですから。

認知症と「介護の社会化」

多賀　夫を看取りまで介護する中で、私は認知症に対する見方が変わりましたが、三好さんの「認知症は老化にともなう人間的変化である」とか、「認知症を異常ととらえるのではなく異文化と見る」という考え方を知ってから、ますます「認知症は絶望的な病気だ」と考える必要はないんだな、と思えるようになりました。

三好　認知症は人間の「いちばんのもと」が出てくるっていう感じですし、対応のしかたはいくらでも工夫ができるって気がしますでしょう？

多賀　そうですね。だから決して絶望的な病気ではないと思いますし、むしろいいこともいっぱいあるということをみなさんに知ってほしいなと思いますね。

ところで、この対談のはじめのほうで「介護の社会化」というテーマが出てきました。それでいま、思い出したんですが、「育児の社会化」っていう言葉がありましたよね。育児が社会化されたのは一九六〇年代の半ばぐらいでしょうか。それまではたいてい、家庭の中でおじいちゃんおばあちゃんに頼んだりして、保育所に預けるのはかわいそう、というイメージがありました。でも、育児の社会化が進むにつれて、母親が自分の人生を充実させるために子どもを保育所に預けることが受容されていって、それほど違和感のあることではなくなりました。

でも、介護の世界では、家族が自分の人生を充実させるために介護サービスを受けてもらうとか、特養に入所してもらうということが、まだ世の中にあんまり受け入れられていないと思うんです。介護する人が病気になってどうしても介護できないとか、あるいは働かないと生活できないから介護にあたれないとか、そういうギリギリの理由以外で介護を外部にゆだねることがまだ許されていない感じがします。

介護職の方たちにも、「自分の生活の充実のためになんてのはもってのほか」という感じがあるんじゃないかと思うんです。

三好　あるデイサービスでのエピソードですが、その施設に他のいろんな特養やショートステイでさんざん断られたご家族が来たそうです。おじいさんがチューブで栄養補給してるんですが、それは施設で雇ってる看護師が対応すればいいだけの話。実は、家族が「海外旅行に行くから預かってくれ」って言うのが気に入らなくて、あちこちで断られたみたいなんですよ。

いまどき数年に一回くらい海外旅行に行くなんて、そんなにめずらしいことじゃない。普通の生活でしょう。普通の生活をしたいだけなのにショートステイにお年寄りを預けられないんですよ。「そんなのは贅沢《ぜいたく》だ」みたいな偏見があるわけですよね。介護家族が海外旅行、大いに結構じゃないですか。でも、おもしろいのは、その利用者のおじいさん。チューブつけたおじいさんが、デイサービスでチューブつけたままビール飲んでるんです。しかも「チューブをはずしたらもっと飲める」なんて言ってる（笑）。あれは驚きました。

こういうかたちでの介護の利用は、もっと堂々とできないとおかしいですよね。まじめに介護やってる人ほど、旅行みたいな楽しみがあっていいんだから。とくに男性介護者は、無意識のうちに介護を「仕事」ととらえるせいか、ストイックで力まかせな介護をしがちですね。

多賀　さっきの「罪滅ぼし介護」ではないですが、若い時分に家庭を顧みない企業戦士だった人がそうなるんでしょうか。

三好　傾向として、男性は目標達成をめざすみたいなんですよ。でも、介護で重要なのは、向上させるよりも、落ちていくのをどう支えるかにあるんです。その発想の切り替えが、男性には難しいようですね。

多賀　お医者さんに「妻を治してください！」って訴える男性もいると聞きました。

三好　介護現場でも、「これをすることには、どんな意味があるんですか？」と聞いてくる男性がいます。あるいは、「旅行は治ってから」という人とか。実際は治らないんです。リハビリ優先、訓練はするけど遊びはダメ、という感覚がなかなか抜けない。

そういうときは、温泉旅行を「入浴訓練」、お散歩を「外出訓練」、カラオケを「呼吸訓練」などと言い換えて伝えるようにします。さっきのビールなら「嚥下訓練」ですかね（笑）。そういうふうに伝えられると家族も、病気や障害は治らないけど人生楽しめるんだ、と納得できるようになってきます。訓練をいかに生活に転化していくか、そこが大事なんだということを、もっと多くの人に理解してほしいですね。

あと、男性は愚痴を言いません。言わずに抱え込み、自立しようとするから孤立してしまう。でも、介護で大切なのは他者に上手に依存することなんですね。だから無理に自立しないほうがいいんだよと、最後に伝えておきたいです。

対談を終えた二人

結び 〈多賀洋子〉

夫の埋葬がすんで少し落ち着いたころに、私の前作を刊行してくださった講談社の編集者・髙月順一さんから一冊の本をいただきました。三好春樹著、東田勉編集協力『完全図解　新しい認知症ケア　介護編』（講談社）です。

読み進めるにつれ自分の介護のあれこれが思い出され、気持ちが揺れに揺れました。別のやり方があったのではないか、と気づかされたのです。

中でも、「介護という暴力」の記述が私の胸に突き刺さってきました。

暴力には2種類あります。「行為としての暴力」と「存在としての暴力」です。後者は、叩いたりつねったり（行為としての暴力を）しなくても、児童に対する親や教師のように、存在しているだけで暴力的な威圧感を与えることをいいます。認知症のお年寄りに対する介護職もまた、存在としての暴力です。

多くの家庭で起こる認知症の人と介護する家族との関係悪化は、私自身体験し、身に沁みています。夫とぎくしゃくしていた初期のようすを「暗黒の三年」と表現して、私が被害者であるというような思いをにじませていたのでした。認知症の人と家族との関係悪化の原因を「介護という暴力」であると喝破した人に、それまで出会っていませんでした。三好さんのこの記述に衝撃を受け、自分を愧《は》じたのです。夫が亡くなったあとですから、胸の裡で生き続けている夫に向かってただ頭《こうべ》を垂れるしか、なすすべがありません。

私は三好春樹さんの「遅れてきた読者」だ、遅れも遅れ、手遅れになった読者だという後悔に似た気持ちがわきました。同時に、なぜいままで介護中の家族は三好春樹さんを知ることができなかったのかという疑問に駆られました。私のアンテナの張り方が不十分だったのではありますが、介護家族を対象とした全国組織の会報では目にしなかったのです。

遅ればせながらではありましたが、三好さんの他の著作をいくつか読んでみました。笑いを誘う語り口の奥に、認知症の人の側に立つことに徹した三好さんの優しさが、さらに際立って見えてきました。三好さんの著作は認知症も含めた老いについての、いえ、それだけではなく、生きることについての希望の書だと感じました。

このたび、高月さんの発案で、このような共著形式の本が刊行されました。本書で、多くの介護家族の方々が三好ワールドを知り、学ぶ糸口ができたことをこの上なく嬉しく思います。

一つの家庭の中で悪戦苦闘しただけの一介の主婦との共著に、快く応じてくださいました三好春樹さんに心よりお礼を申し述べます。

また、刊行にあたっては、講談社学術図書第二出版部の中満和大さんと、対談に同席してくださったライターの川柳まさ裕さん、塩崎記子さんにたいへんお世話になりました。ありがとうございます。

二〇一四年三月

多賀洋子

参考図書・関連図書

石飛幸三『「平穏死」のすすめ　口から食べられなくなったらどうしますか』講談社　二〇一〇年

小澤勲『痴呆を生きるということ』岩波新書　二〇〇三年

小澤勲『認知症とは何か』岩波新書　二〇〇五年

多賀洋子『ふたたびのゆりかご　アルツハイマー型認知症の夫と笑い合う日々』講談社　二〇〇九年

多賀洋子『認知症介護に行き詰まる前に読む本　「愛情を込めたウソ」で介護はラクになる』講談社　二〇一一年

三好春樹『痴呆論　認知症への見方と関わり学〈増補版〉』雲母書房　二〇〇九年

三好春樹（著）、東田勉（編集協力）『完全図解　新しい認知症ケア　介護編』講談社　二〇一二年

村瀬孝生『おばあちゃんが、ぼけた。』イースト・プレス　二〇一一年

装幀　重原隆
写真　川柳まさ裕
協力　塩崎記子

本文中、一部を除き原則として登場人物は仮名としました。
JASRAC出　1401615-401

三好春樹（みよし・はるき）
一九五〇年生まれ。七四年から特別養護老人ホームに生活指導員として勤務後、九州リハビリテーション大学校卒業。ふたたび特別養護老人ホームで理学療法士（ＰＴ）としてリハビリテーションの現場に復帰する。現在、「生活とリハビリ研究所」代表。年間百五十回を超える講演と実技指導で絶大な支持を得ている。

多賀洋子（たが・ようこ）
一九四二年、京都市生まれ。京都大学薬学部卒業。同大で教員を務めていた夫と結婚する。二〇〇二年ごろ、夫がアルツハイマー型認知症を発病。以来その介護に携わり、二〇一一年に看取った。著書に『ふたたびのゆりかご　アルツハイマー型認知症の夫と笑い合う日々』『認知症介護に行き詰まる前に読む本「愛情を込めたウソ」で介護はラクになる』（ともに講談社）がある。

介護ライブラリー

認知症介護《にんちしょうかいご》が楽《らく》になる本《ほん》
介護職《かいごしょく》と家族《かぞく》が見《み》つけた関《かか》わり方《かた》のコツ

二〇一四年三月一四日　第一刷発行

著　者　三好春樹《みよしはるき》　多賀洋子《たがようこ》
発行者　鈴木　哲
発行所　株式会社講談社
郵便番号一一二－八〇〇一
東京都文京区音羽二－一二－二一
電話番号　出版部　〇三－五三九五－三五六〇
販売部　〇三－五三九五－三六二二
業務部　〇三－五三九五－三六一五

印刷所　株式会社平河工業社
製本所　株式会社若林製本工場

N.D.C.493　270p　20㎝

定価はカバーに表示してあります。
ISBN978-4-06-282463-7